**Schulleitungsfortbildung NRW**

# Unterricht analysieren, beurteilen, planen

**Leonhard Horster**



Herausgegeben vom
Landesinstitut für Schule

Verlag für Schule und Weiterbildung
DruckVerlag Kettler

In dieser Schriftenreihc erscheinen Materialien zur

LEHRERFORTBILDUNG IN NORDRHEIN-WESTFALEN

Beteiligte Institutionen:

Das Ministerium für Schule, Jugend und Kinder

Die Bezirksregierungen

Die Schulämter

Das Landesinstitut für Schule

Verfasser: **Leonhard Horster**

Gesamtleitung der Materialkonzeption und -entwicklung:

Adolf Bartz
Herbert Buchen

Gestaltung:
Petra E. Brügger

Covergestaltung:
L&K integrated communications gmbh, www.lk-integrated.de

1. Auflage 2004



ISBN 3-8165-4518-1

Vertrieb:
Verlag für Schule und Weiterbildung
DruckVerlag Kettler GmbH
Postfach 1150
59193 Bönen

Bestellnummer: 4518

# Inhalt Seite

# Vorwort

Der vorliegende Band "Unterricht analysieren, beurteilen, planen" ist Bestandteil der Materialien, die in der Fortbildung für Leitungsmitglieder in Schule und Studienseminar in Nordrhein-Westfalen eingesetzt werden. Die Maßnahmen im Rahmen dieser Fortbildung orientieren sich am Leitbild einer Schule mit erweiterter Eigenverantwortung mit dem Ziel, die Qualität von Schule und Unterricht zu verbessern. Damit sind eine Umstellung von der Input- auf eine Outputsteuerung und der Aufbau einer dezentralen Führungs- und Organisationsstruktur verbunden. Die Schulen übernehmen die Verantwortung für ihre Leistungsergebnisse.

Die Veränderung des Steuerungsmodells und der Führungs- und Organisationsstruktur von Schule führt zu veränderten Anforderungen an die Schulleitung. In der Balance von Führung und Management nimmt sie erweiterte Aufgaben im Bereich des Personalmanagements, der Organisationsgestaltung, der Unterrichtsentwicklung und des Qualitätsmanagements der Schule wahr. Sie hat für Ziele und für die Überprüfung der Zielerreichung zu sorgen und sie ist dafür verantwortlich, dass sich die Schule und die Lehrkräfte der Wirksamkeit ihrer pädagogischen Arbeit vergewissern und dass die Gestaltung und Entwicklung der Organisation von Schule ihre pädagogische Wirksamkeit ermöglichen und unterstützen.

Dazu braucht die Schulleitung Orientierungswissen und Handlungskompetenz, d. h. die Fähigkeit, in ihren Aufgabenbereichen Instrumente anwenden und Konzepte und Maßnahmen entwickeln und umsetzen zu können. Das Materialangebot der Schulleitungsfortbildung in Nordrhein-Westfalen möchte dazu Orientierungswissen vermitteln und zu einer Erweiterung professioneller Handlungskompetenz von Schulleitung beitragen. Im vorliegenden Text geht es dabei um die Leitungskompetenzen bei der Unterrichtsbeobachtung, -analyse und -beurteilung und um die Frage, wie die Schulleitung die Unterrichtsplanung und -entwicklung unterstützen kann. Das Material stützt sich auf den aktuellen Stand der relevanten Bezugswissenschaften und möchte ihn so auf die Schule und die Schulleitung übertragen, dass er in der alltäglichen Leitungspraxis an der Schule umsetzbar und effektiv handhabbar ist.

Die Materialien stellen deshalb den Anspruch, auch unabhängig vom Fortbildungskontext nützlich zu sein. Ihre Wirksamkeit hängt allerdings davon ab, dass jede Leserin und jeder Leser sie mit den eigenen professionellen Erfahrungen abgleicht und verknüpft und in einer Weise aneignet, wie sie zur eigenen Person und zur eigenen Schule passt. Die Theoriemodelle und Instrumente, die das Material anbietet, sind nicht danach zu bewerten, ob sie richtig oder falsch sind, sondern daran, ob sie für die eigene Leitungspraxis nützlich sind - und darüber entscheidet jede Leserin oder jeder Leser selbst.

Adolf Bartz

Landesinstitut für Schule

# Einführung

Der Titel dieser Schrift nennt das *Planen* von Unterricht nach dem *Analysieren* und dem *Beurteilen* erst an dritter Stelle; dies hat seinen guten Grund. Die für die Planung und Beurteilung von Unterricht maßgebenden Kriterien werden nicht als normativer Katalog vorgegeben, sondern induktiv aus konkretem Unterricht entwickelt. Dabei spielt zwangsläufig die Subjektivität der unterrichtenden Person eine zentrale Rolle. Qualitätssicherung und Qualitätsentwicklung von Unterricht im Sinne dieses Konzeptes werden nicht verstanden als Anpassung an einen abstrakt vorgegebenen Normenkatalog, sondern

- auf der individuellen Ebene als Optimierung vorhandener Konzepte,
- auf der organisationalen Ebene als Verständigungsprozess auf der Grundlage prinzipiell differenter Auffassungen.

(Beide Prozesse schließen den Abgleich ihrer Resultate mit externen Normen, etwa dem Stand der fach- oder allgemeindidaktischen Diskussion, mit ein.)

Die Antwort auf die Frage, was guten Unterricht ausmacht, kann nicht einfach als Fundament unterrichtlichen Handelns vorausgesetzt werden, sondern ist Resultat eines Klärungs- und Verständigungsprozesses unter den Personen, die sich diese Frage stellen.

Dies hat weitreichende Konsequenzen für die praktische Arbeit auf unterschiedlichen Ebenen:

- Qualität von Unterricht kann nicht schon durch die Veröffentlichung von Richtlinien und Lehrplänen verfügt werden.
- Qualität von Unterricht kann nicht einfach durch Orientierung an der Praxis von „Meistern“ vermittelt werden.
- Qualität von Unterricht kann nicht allein auf der Grundlage eines vorgegebenen Kriteriensatzes beurteilt werden.

Es gibt viele Bilder von gutem Unterricht; keines von ihnen kann fraglos verabsolutiert werden. Trotzdem ist die Antwort auf die Frage nach gutem Unterricht nicht der Beliebigkeit anheim gegeben.

Leonhard Horster

# A Unterricht analysieren

Die Analyse von Unterricht manifestiert sich für die meisten Lehrerinnen und Lehrer in der Situation der Unterrichtsnachbesprechung.

## 1. Die Unterrichtsnachbesprechung - ein Universalinstrument?

Die Unterrichtsnachbesprechung dient vielfältigen Zwecken und wird in unterschiedlichen Kontexten eingesetzt:

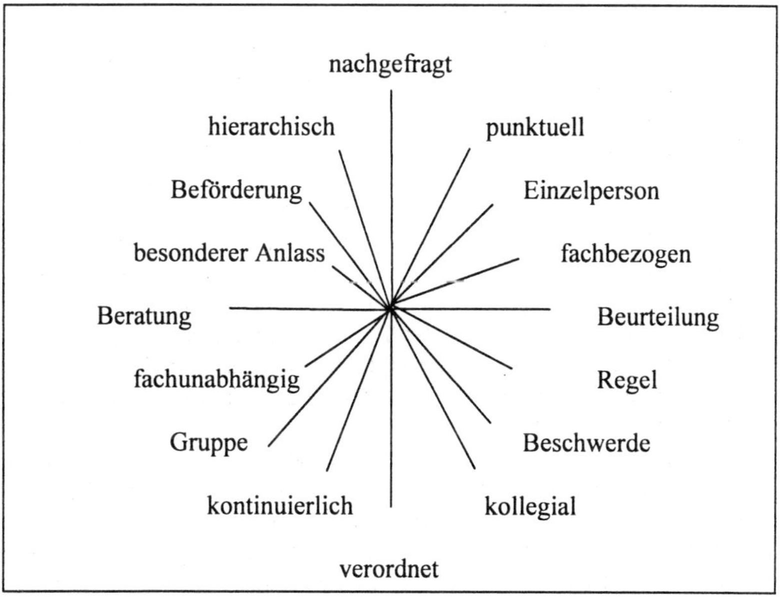


*Abb. 1: Zwecke und Kontexte von Unterrichtsnachbesprechungen*

Diese `Universalität´ sichert jedoch keineswegs ihre Akzeptanz unter den Beteiligten oder ihre Wirksamkeit im Hinblick auf den jeweiligen Zweck. Auch die positive Akzentuierung der Unterrichtsnachbesprechung im Sinne von „kollegial“ und „beraten“, lässt diese meist nicht `rein´ und `unverfälscht´ erleben, sondern es mischen sich häufig Elemente anderer Dimensionen wie `beurteilen´ und `hierarchisch´ bei, was die Offenheit im Umgang mit der Unterrichtsnachbesprechung zumindest bei den Adressaten deutlich einschränkt und damit zugleich auch deren Wirkung mindert.

## 2. Von der Schwierigkeit über Unterricht zu sprechen

Der traditionelle Ort der Analyse und Beurteilung von Unterricht ist die Unterrichtsnachbesprechung. Sie ist vielen Lehrerinnen und Lehrern in leidvoller Erinnerung als der Teil ihrer Ausbildung, in dem sie die persönliche Abhängigkeit von ihren Ausbilderinnen und Ausbildern am nachdrücklichsten erfahren haben. Ob eine Unterrichtsstunde positiv oder negativ bewertet wird, ist häufig als schicksalhaftes Ereignis erlebt worden, je nach den persönlichen Vorlieben und Maßstäben des jeweiligen Beurteilers. Dass zwei Beobachter der gleichen Unterrichtsstunde zu unterschiedlichen bis gegensätzlichen Einschätzungen gelangen können, ist keine seltene Erfahrung in der Berufsbiographie von Lehrerinnen und Lehrern. Dies mag mit ein Grund dafür sein, dass „fertige“ Lehrpersonen mit Übernahme ihrer Planstelle dafür sorgen, dass die Klassentür hinter ihnen fest verschlossen bleibt. Was im Klassenzimmer vor sich geht, ist im Kollegium allenfalls gerüchteweise bekannt, kaum aus persönlicher Anschauung. Die meisten Lehrerinnen und Lehrer sind Einzelkämpfer. Es gibt keine nennenswerte Kultur der Kooperation, die sich z. B. darin realisiert, dass sich Lehrerinnen und Lehrer gegenseitig in ihrem Unterricht besuchen, Aufgaben und Schwierigkeiten auf der Grundlage direkter Beobachtung diskutieren und gemeinsam über Lösungsmöglichkeiten nachdenken, die sie vielleicht sogar noch gemeinsam und wechselseitig evaluieren. Diese berufsbiografisch früh erworbene Haltung ist ein wesentliches Hindernis bei der Entwicklung von Unterrichtsqualität.

## 3. Ansätze zur Professionalisierung der Unterrichtsnachbesprechung

Im Zusammenhang mit Bemühungen um eine Professionalisierung der Unterrichtsnachbesprechung haben vor allem zwei Dimensionen eine Rolle gespielt: die Dimension der Wahrnehmung und die der Kommunikation (siehe Abb. 2). In der Ratgeber-Literatur zur Unterrichtsnachbesprechung hat man versucht, vor allem über diese beiden Dimensionen die als unsachgemäß empfundene Subjektivität der beteiligten Personen auszuschalten.

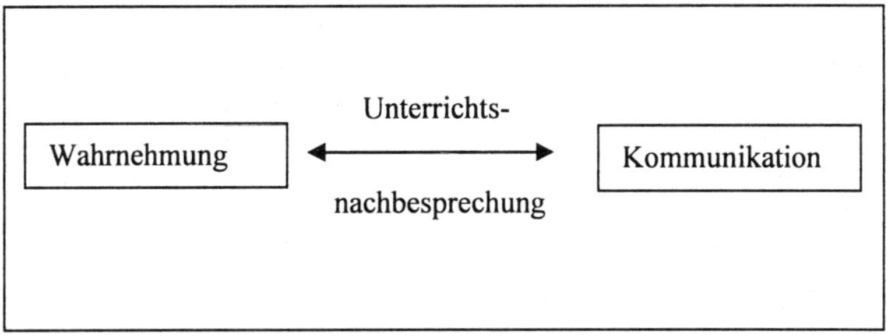


*Abb. 2: Dimensionen der Unterrichtsnachbesprechung*

(Zahlreiche Versuche unterschiedlicher Autoren zur Objektivierung der Unterrichtsbeobachtung referiert G. Bachmair, Unterrichtsanalyse, Weinheim und Basel 1974)

Am deutlichsten werden diese Bemühungen im Zusammenhang mit Ratschlägen zum Umgang mit Wahrnehmungsproblemen. Um subjektiv getönte Interpretationen und Bewertungen von Unterricht auszuschließen, wurde der Beobachterin bzw. dem Beobachter empfohlen, zunächst zu *beschreiben*, was sie oder er wahrgenommen hat, sich hierüber u. U. auch mit anderen Beobachterinnen und Beobachtern sowie der unterrichtenden Person zu verständigen, um dann auf der Basis so abgesicherter Wahrnehmungen zu einer Urteilsbildung zu kommen.

In der Praxis hat sich dann aber herausgestellt, dass der Versuch zu einer allgemein akzeptierten Wahrnehmungsgrundlage für das Gespräch über Unterricht zu gelangen, meist nicht sehr erfolgreich ist.

Dies hat seine Ursache darin, dass jede Unterrichtsstunde dem Beobachter eine nahezu unbegrenzte Anzahl von Einzel-Wahrnehmungen bietet. Wollte man der Aufforderung folgen, zunächst alle Wahrnehmungen aufzuschreiben, käme man kaum zu einem absehbaren Ende. Faktisch stellt sich aber dieses Problem deswegen nicht, weil wir immer *selektiv* wahrnehmen, also aus der nahezu unbegrenzten Zahl von Eindrücken immer nur eine überschaubare Teilmenge auswählen. Dabei folgt jeder Beobachter einem Satz individueller, zumeist unbewusster Kriterien. Wahrnehmung ist also faktisch immer an eine implizite Bewertung gekoppelt. Dies ist der Grund dafür, dass zwei Beobachter, auch wenn sie sich lediglich über ihre Wahrnehmungen austauschen, prinzipiell zu sehr unterschiedlichen Eindrücken gelangen können. Es spielt also nicht so sehr die Frage eine Rolle, *was man im Einzelnen an Details wahrgenommen hat*, sondern *welche Wichtigkeit diesen Details zugemessen wird.* Als Folge dieses Sachverhaltes wird dann die Urteilsbildung eben nicht auf der Grundlage *aller* Wahrnehmungen vollzogen, sondern auf der Grundlage der als *wichtig* erachteten Einzelheiten. Die Entscheidung darüber, was als wichtig zu gelten habe, wird dann meist von der ranghöheren Person getroffen.

Im Hinblick auf den Kommunikationsaspekt ist die Forderung nach *symmetrischer Kommunikation* und - im Gefolge eines professionellen Beratungsbegriffs - nach einer Haltung der *Akzeptanz*, der *Empathie* und der *Kongruenz* (Bachmair 1994, 61) erhoben worden.

In der Praxis sind die Forderungen professioneller Beratung bei Vorgesetzten sowie Ausbilderinnen und Ausbildern häufig zu der Vorstellung trivialisiert worden, jede Form von Unterrichtsnachbesprechung als Beratungsgespräch zu betrachten, auch wenn dies in den meisten Fällen vom Anlass und Zweck der Nachbesprechung her sachlich nicht der Fall war, und die Unterrichtsnachbesprechung in einer „irgendwie freundlichen Atmosphäre“ führen zu müssen. In diesem Verständnis von Unterrichtsnachbesprechung werden problematische Aspekte des Unterrichts zwar angesprochen, bei „Gegenwehr“ aber möglichst gleich wieder relativiert und damit insgesamt die Verbindlichkeit kritischer Anmerkungen in der Wahrnehmung des Gesprächspartners abgesenkt.

Die genannten Schwierigkeiten im Bereich der Wahrnehmungs- und der Kommunikationsdimension resultieren u. a. daraus, dass das zugrunde liegende zweidimensionale Modell der Unterrichtsnachbesprechung andere wichtige Dimensionen ausblendet, die das Verhalten der Gesprächspartner beeinflussen, auch wenn sie nicht explizit thematisiert werden. Dies sind die Dimensionen der Deutung und der Beurteilung, um sie sollte das Modell erweitert werden (siehe Abb. 3).

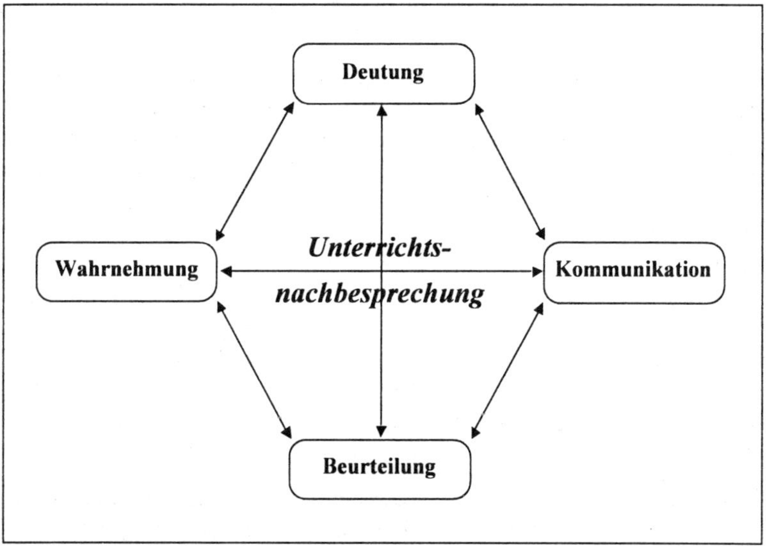


*Abb. 3: Dimensionen der U-Nachbesprechung, erweitertes Modell*

Von ihnen her werden die genannten Schwierigkeiten erklärbar: Wenn zwei beobachtende Personen eine Unterrichtsstunde ansehen, ereignet sich Wahrnehmung eben nicht einfach als ein biologisch-physikalischer Prozess, in dem unterschiedslos Daten aufgenommen werden, sondern die von den Personen vollzogenen Beobachtungen werden selektiert vor dem Hintergrund individuell unterschiedlicher Deutungsmuster. Diese sind verantwortlich dafür, dass die eine der beobachtenden Personen eine Wahrnehmung speichert, weil sie im Kontext ihrer Deutungen als wesentlich erscheint, während die andere beobachtende Person diese

Wahrnehmung innerhalb ihres Deutungsmusters als vernachlässigbar einstuft und aussondert.

Wollen sich daher die beiden beobachtenden Personen über ihre Wahrnehmungen verständigen, müssen notwendig ihre individuellen Deutungsmuster als Bezugsrahmen zur Sprache gebracht werden: Nur so ist entscheidbar, welche Wahrnehmung belangvoll ist und welche eher vernachlässigt werden kann. Der Inhalt unserer Wahrnehmung ist eben immer individuell interpretierte Wirklichkeit, daher müssen bei einer Verständigung über unsere Wahrnehmung immer auch die Formen unserer Interpretation zur Sprache gebracht werden.

Es ist evident, dass mit unseren Deutungen Beurteilungsakte auf das engste verknüpft sind. Bleibt daher beim Sprechen über Unterricht unaufgeklärt, innerhalb welchen Deutungsmusters ein bestimmter Aspekt der beobachteten Stunde als problematisch einzuschätzen ist, weil nämlich die Ebene unterschiedlicher Deutungsmuster gar nicht zur Sprache kommt und hierüber keine Verständigung stattfindet, gibt es auch keinen Bezugspunkt, von dem her eine verbindliche Beurteilung möglich wäre. Dann ist nahezu alles möglich, und „man kann die Sache so, aber eben auch anders sehen". Verräterisch ist in solchen Fällen die Sprache der beteiligten Personen: Ich mache das immer so, wenn ich eine Karikatur einsetze, erklärt ein Fachleiter gegenüber einem Referendar. Und dass dieser nicht antwortet: Ich dagegen mache es aber so, ist allenfalls im hierarchischen Gefälle zwischen beiden Personen begründet.

Es wird erkennbar, dass den Deutungsmustern der beteiligten Personen ein zentraler Stellenwert in der Unterrichtsnachbesprechung zukommt. Dabei orientieren sich unterschiedliche Personen an unterschiedlichen Deutungsmustern. Die leitende Grundannahme des hier vorgestellten Konzeptes besteht darin, dass in der Unterrichtsnachbesprechung das Deutungsmuster *der Person* zur Gesprächsgrundlage gemacht werden soll, *die die Unterrichtsstunde gehalten hat.* Dies soll in der Folge näher erläutert werden.

Dabei soll geklärt werden, wieso Deutungsmuster im Hinblick auf Handlungen in pädagogischen Zusammenhängen eine derart weitreichende Wirkung haben. Hierzu soll zunächst ein allgemeines Modell von Handlungen vorgestellt werden, das dann auf Handlungen in pädagogischen Kontexten bezogen wird.

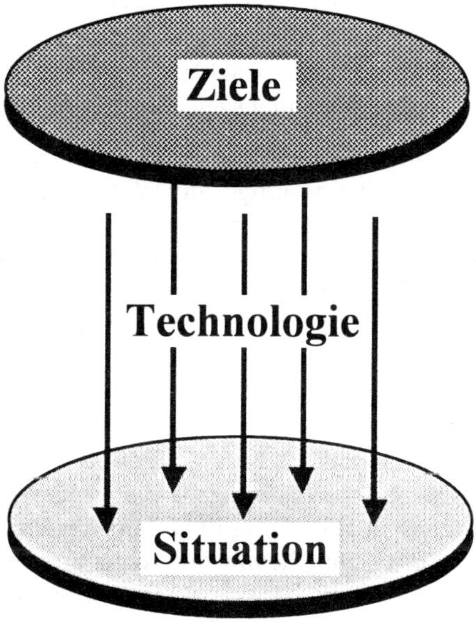


*Abb. 4: Strukturmerkmale einer Handlung*

Generell kann man sagen, dass jede Handlung wenigstens drei Strukturelemente umfasst: Eine Handlung ist darauf gerichtet, ein bestimmtes *Ziel* in einer gegebenen *Situation* mit Hilfe einer angemessenen *Technologie* zu realisieren. Am Beispiel eines Maurers, der eine Klinkerwand aufführen soll, kann man sich verdeutlichen, wie mittels dieser drei Strukturelemente eine eindeutige Verständigung über das berufliche Handeln und die dabei zu beachtenden Qualitätsstandards möglich ist.

Nehmen wir an, ein Maurerpolier beobachtet einen Maurer dabei, dass er seine Arbeit nachlässig ausführt. In dieser Situation wird ein kurzer Hinweis, ordentlich zu arbeiten, zu dem gewünschten Erfolg führen, wenn man unterstellt, dass der Arbeiter weder widerspenstig noch fachlich inkompetent ist. Eine „ordentliche Arbeit" liegt dann vor, wenn die aufzuführende Mauer einen bestimmten Verbund der Klinker aufweist, senkrecht steht und ein im Hinblick auf das vorgefundene Gelände und den zu errichtenden Baukörper stabiles Fundament aufweist. Die Technologie, mit deren Hilfe dieses Ziel (fachgerechtes Mauerwerk) in der gegebenen Situation (Baugrund) realisiert werden kann, besteht im Wesentlichen aus Maurerkelle, Wasserwaage und Senkblei sowie der Fähigkeit, diese Werkzeuge sachgerecht und intentionsgemäß einsetzen zu können.

Betrachten wir nun eine analoge Situation in einem pädagogischen Zusammenhang. Ein Schulleiter hospitiert im Unterricht eines Lehrers. Weil nach seiner Auffassung in dieser Stunde einiges im Argen lag, fordert er den Lehrer auf, künftig „ordentlich zu arbeiten". An dieser Stelle endet die Analogie mit der Situation des Maurers. Der vom Schulleiter gerügte Lehrer wird mit großer Wahrscheinlichkeit keineswegs mehr oder weniger zerknirscht Besserung geloben, sondern mindestens zurückfragen, was denn nach Auffassung des Schulleiters nicht in Ordnung gewesen sei. Wenn der Schulleiter auf den mangelnden fachlichen Anspruch der Unterrichtsstunde hinweist, wird der Lehrer die besonderen Lernvoraussetzungen der Klasse zur Sprache bringen, die gegenwärtig keinen anspruchsvolleren Unterricht zulasse; sollte der Schulleiter die eingesetzten Unterrichtsverfahren kritisieren, könnte der Lehrer auf seine positiven Erfahrungen hiermit zur Sprache bringen etc. Insgesamt wird also im Zusammenhang mit pädagogischen Handlungen keine knappe Verständigung über die zu realisierenden Qualitätsstandards und die hierfür angemessenen Mittel möglich sein, sondern es wird eher zu einer längeren Diskussion zwischen den beteiligten Personen kommen. Hierfür gibt es zwei Gründe; der eine betrifft den Sachverhalt, nämlich die Eigentümlichkeit pädagogischer Handlungen, und der andere die Personen, die sich auf diesen Sachverhalt beziehen.

Auch pädagogisches Handeln lässt sich prinzipiell durch die drei genannten Strukturelemente *Ziele*, *Technologie* und *Situation* beschreiben; allerdings weisen diese Strukturelemente im pädagogischen Kontext eine Eigentümlichkeit auf, die sie von vielen anderen Sachzusammenhängen unterscheidet.

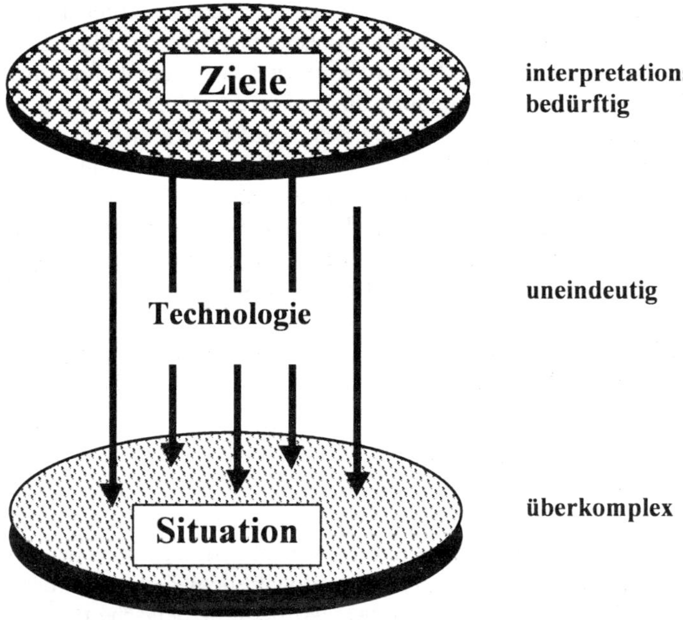


*Abb. 5: Eigentümlichkeit pädagogischer Handlungen*

Für pädagogische Zusammenhänge gilt, dass die *Ziele interpretationsbedürftig*, die *Technologie uneindeutig* und die *Situationen überkomplex* sind.

Diese Behauptungen sollen näher erläutert werden.

1.) Die *Situationen sind überkomplex:* In jeder Situation in einem Klassenzimmer wirken mehr Faktoren zusammen, als wir in unserer Wahrnehmung aufnehmen; dies führt zwangsläufig zu einer selektiven

Wahrnehmung und einer subjektiv bestimmten Verknüpfung der von uns aufgenommenen Eindrücke. Überdies sind die Zusammenhänge zwischen den (von uns wahrgenommenen) Faktoren nicht stabil, sondern ändern sich ständig, z. T. auch als Resultat unserer Einwirkungen. Hierfür ein einfaches Beispiel. Ein Lehrer, der bemerkt, dass sich zwei Schüler miteinander unterhalten, fordert dazu auf, das Gespräch einzustellen und dem Unterricht zu folgen. Die Schüler protestieren gegen die Rüge des Lehrers, es kommt zu einem Wortwechsel zwischen dem Lehrer und den Schülern, in den sich schließlich auch andere Schüler einmischen. Der Lehrer hat das Gespräch zwischen den Schülern als Unaufmerksamkeit interpretiert und versucht, durch sein Eingreifen die Unterrichtsstörung zu beenden. Vielleicht sind aber die Schüler seinem Unterricht mit großer Aufmerksamkeit gefolgt; vielleicht hatte ein Schüler Verständnisprobleme und darauf seinen Mitschüler um Erklärung und Unterstützung gebeten. Die Deutung der Situation als Unaufmerksamkeit wird von den Schülern als ungerechtfertigte Maßregelung durch den Lehrer zurückgewiesen. Der Lehrer, der für einen ungestörten Unterrichtsverlauf sorgen wollte, hat durch seine Intervention die Störung erst herbeigeführt und weiter verstärkt.

2.) Die *Ziele sind interpretationsbedürftig*: Es gibt wahrscheinlich kaum ein unterrichtliches Ziel, das sich aus sich heraus definieren ließe; dies gilt selbst für auf den ersten Blick vergleichsweise wenig komplexe Vorhaben, die sich auf eindeutige Regelwerke stützen. Nehmen wir als Beispiel die Rechtschreibung; jeder wird wohl dem Ziel zustimmen, dass Schülerinnen und Schüler der Jahrgangsstufe 6 die deutsche Rechtschreibung in den Grundzügen beherrschen sollen. Was dies aber konkret bedeutet, welche unterrichtlichen Anstrengungen auf dieses Ziel zu richten sind, wird man unterschiedlich beantworten, je nachdem ob man in einem Gymnasium mit einem traditionell bürgerlich geprägten Einzugsbereich unterrichtet oder in einer Hauptschule mit einem Ausländeranteil unter der Schülerschaft von über 60%.

3.) Die *Technologie ist uneindeutig*: Was auf den ersten Blick als ein Manko erscheint, macht geradezu den Kern des professionellen Selbstverständnisses der Lehrerschaft aus. Die Rede ist hier von der Methodenfreiheit des Lehrers, die beispielsweise in Nordrhein-Westfalen Eingang in die Allgemeine Dienstordnung für Lehrerinnen und Lehrer, Schulleiterinnen und Schulleiter (ADO) gefunden hat:

„(1) Es gehört zum Beruf der Lehrer und Lehrerinnen, *in eigener Verantwortung und pädagogischer Freiheit* die Schüler und Schülerinnen zu erziehen, zu unterrichten, zu beraten und zu beurteilen. Dabei ist der Bildungs- und Erziehungsauftrag der Schulen nach Verfassung und Schulgesetzen zu beachten.

(2) Lehrer und Lehrerinnen sind an Vorgaben gebunden, die durch Rechts- und Verwaltungsvorschriften, Richtlinien und Lehrpläne sowie durch Konferenzbeschlüsse und Anordnungen der Schulaufsicht gesetzt sind. *Konferenzbeschlüsse dürfen die Freiheit und Verantwortung der Lehrer und Lehrerinnen bei der Gestaltung des Unterrichts und der Erziehung nicht unzumutbar einschränken.*

(3) Schulleiter und Schulleiterinnen dürfen in die Unterrichts- und Erziehungsarbeit der Lehrer und Lehrerinnen *nur im Rahmen ihrer Befugnisse im Einzelfall eingreifen.*" (§ 4 ADO)

Zusammenfassend lässt sich sagen: Handeln in pädagogischen Situationen ist immer und im Hinblick auf alle seine Strukturelemente in hohem Maße auf Deutung angewiesen; da zugleich jede Person über berufsbiografische erworbene und individuell unterschiedliche Deutungsmuster verfügt, gibt es kein gleichsam naturwüchsig „richtiges" Verständnis einer Situation (siehe Abb. 6), sondern die Herausarbeitung pädagogischer Standards erfolgt in einem auf Dauer angelegten Prozess intersubjektiver Verständigung vor dem Hintergrund unterschiedlicher Deutungsmuster. Dieser Verständigungsprozess über die Grenzen des jeweiligen Deutungsmusters hinaus ist mühevoll und verlangt große Anstrengung. Der Grund dafür ist, dass die Deutungsmuster in Bezug auf die Person, deren Denken sie bestimmen, einerseits sehr mächtig sind und andererseits dem denkenden Subjekt in ihrer spezifischen individuellen Ausformung nicht bewusst sind. Das natürliche Bewusstsein (Alltagsbewusstsein) unterstellt die Übereinstimmung seiner Wahrnehmungen und Deutungen mit denen aller anderen Subjekte. Die Mächtigkeit der Deutungsmuster resultiert aus ihrer Leistungsfähigkeit: Sie reduzieren die Komplexität pädagogischer Situationen zu einer handhabbaren Überschaubarkeit; sie verleihen der spezifischen Perspektivität unserer Wahrnehmungen Plausibilität: durch ihre innere Stimmigkeit verhelfen sie uns zu einer überdauernden Sicht der Dinge, in der unsere Erfahrungen Bestätigung finden.

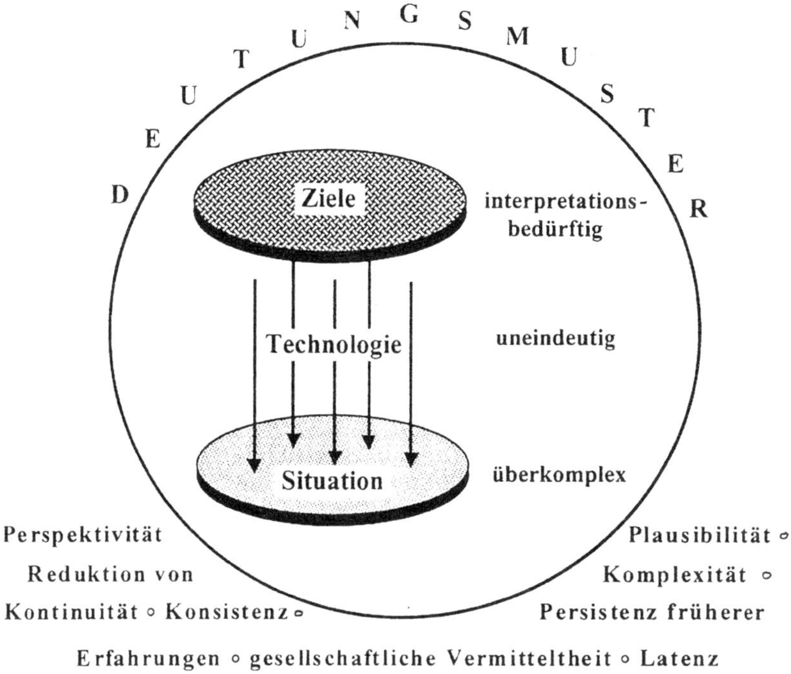


*Abb. 6: Pädagogisches Handeln im Horizont individueller Deutungsmuster*

# 4. Der Deutungsmusteransatz als didaktisches Prinzip in der Unterrichtsnachbesprechung

Dem Deutungsmusteransatz liegt die Erkenntnis zugrunde, dass unsere Realität eine interpretierte Wirklichkeit ist, dass unsere Lebenswelten und unsere Alltagstheorien aus unseren Deutungen bestehen, dass wir „im Modus der Auslegung leben" (Tietgens 1981), dass Erwachsenenbildung immer auch ein „Deutungslernen" ist. Vor allem Rolf Arnold hat den Begriff Deutungsmuster als didaktischen Schlüsselbegriff weiterentwickelt (Arnold 1985 und 1991, S. 54 ff.).

Er unterscheidet 10 „Elemente" dieses Begriffs, nämlich:

„- *Perspektivität* = Individuen deuten ihre Wirklichkeit aus ihrer spezifischen Sicht mit ihrem erkenntnisleitenden Interesse;

- *Plausibilität* = Deutungen müssen einsichtig sein und „routiniertes Handeln" ermöglichen;
- *Latenz* = Deutungen sind nicht ständig bewusst, die „Muster" bilden eine „Tiefenstruktur" des Bewusstseins;
- *Reduktion* von Komplexität = um Handlungen im Alltag zu ermöglichen, muss die Unübersichtlichkeit und Kompliziertheit der Wirklichkeit reduziert werden;
- *Kontinuität* = Deutungen sind lebensgeschichtlich entstanden und weisen eine „gewisse Stabilität und Beharrungstendenz" auf;
- *Persistenz früherer Erfahrungen* = die in der Kindheit erworbenen normativen Orientierungen haben eine starke „Prägewirkung";
- *Konsistenz* = Deutungsmuster stehen in einem inneren Zusammenhang, zumindest sind wir um ein stimmiges Weltbild bemüht;
- *gesellschaftliche Vermitteltheit* = Deutungsmuster haben eine soziale, kollektive Grundlage, sie sind in ein „gesellschaftliches Bewusstsein" eingebettet;

- *relative Flexibilität* = Persistenz und Flexibilität stehen in einem Spannungsverhältnis; flexibel sind Deutungsmuster meist nur innerhalb einer bestimmten „Driftzone“,
- *systematisch-hierarchische Ordnung* = Deutungsmuster lassen sich nach ihrer tiefenpsychologischen Verankerung hierarchisieren. Hans Thomae spricht von „Grundüberzeugungen“, die die Basis z. B. für politische Einstellungen bilden. (...) Zwar ist andragogischer Takt im Umgang mit Deutungsmustern geboten, aber oft sind Erwachsene mit ihren Realitätsdeutungen nicht „zufrieden“, sie sind an den Deutungen Anderer oder an zusätzlichen Informationen und Erklärungen interessiert.
- (...).

Subjektive Anlässe für Deutungslernen sind:

a) Es besteht der Wunsch, die eigenen Deutungen durch mehr Wissen anzureichern oder „abzusichern“.

b) Man empfindet die eigenen Wirklichkeitsinterpretationen als widersprüchlich, unbefriedigend oder einschränkend.

c) Zu einem neuen Thema, z. B. Gentechnik, hat man noch keine begründete Meinung und möchte sich ein Urteil bilden, um handeln zu können.

d) Die gewohnten Deutungsmuster erweisen sich nicht mehr als brauchbar („viabel“) oder werden durch Bezugspersonen infrage gestellt, so dass die Bereitschaft für eine „Um-Deutung“, ein „Reframing“ besteht.

e) Man wechselt eine Bezugsgruppe oder das Milieu und will oder muss sich mit neuen Deutungen auseinandersetzen.“

(Siebert 1996, S. 111 ff.)

## 4.1 Modellbildung als Beschreibungsmethode für Unterricht (Kösel 1993, S. 164 f.)

„Wenn es stimmt, dass wir Unterricht als einen hochkomplexen Geschehens-Zusammenhang ansehen und daher akzeptieren müssen, dass wir dieses Geschehen als Beobachter niemals total erfassen können, benötigen wir neue Modellierungs-Techniken, die für uns ein Höchstmaß an Komplexität abbilden können, die andererseits aber auch eine Reduktion erlauben, damit wir als reflektierende Handelnde überhaupt noch entscheidungs- und handlungsfähig sein können. Auf der Basis der konstruktivistischen Erkenntnistheorie wird **Modellbildung** zur allgemeinen Grundlage didaktischen Planens und Handelns. Jede Form der Wahrnehmung basiert auf der Konstruktion von Modellen, die folgende Eigenschaften besitzen: Sie sind **selektiv, perspektivisch** und **zweckorientiert**. Wir nehmen unsere Wirklichkeit gemäß unserer subjektiven Annahmen wahr, wir konstruieren daraus Modelle, und diese Modelle wiederum bestimmen die Auswahl dessen, was wir zur Wirklichkeitsbildung heranziehen. Weil wir Menschen auf Sprache angewiesen sind, gelten für uns besondere Prinzipien. *(Diese sind):*

- **Das Prinzip der Nicht-Identität**

Modelle, „Karten" sind nicht identisch mit den Originalen, „Territorien".

- **Das Prinzip der Nicht-Vollständigkeit**

Das Modell gibt niemals *alle* Aspekte der Wirklichkeit wieder. Man kann nie alles erfassen und nie alles beobachten und nie alles optimal erzeugen. Deshalb kann man beim Modellieren von Unterricht nur auf eine „sinnvolle" Abgrenzung achten.

- **Das Prinzip der Selbst-Reflexivität**

Jede Wirklichkeits-Konstruktion ist in Bezug auf den Beobachter relativ. Lehrende und Lernende müssen deshalb ihre jeweiligen Bedingungen bei der Erzeugung von Wissen mitkonstruieren und sich gegenseitig mitteilen."

## 4.2 Unterrichtsnachbesprechung: Vorbereitung, Durchführung, Reflexion

Die gegenseitige Beobachtung und gemeinsame Nachbesprechung von Unterricht ist ein wirksames Instrument zur Entwicklung gemeinsamer Qualitätsstandards in einem Lehrerkollegium. Unterrichtsnachbesprechung ist jedoch ein Feld, in dem die meisten Lehrpersonen über nur wenig eigene Praxis verfügen, erst recht, wenn es sich um Unterricht in anderen als den eigenen Fächern handelt.

Erfahrungen mit der Unterrichtsnachbesprechung stammen vornehmlich aus der Zeit der eigenen Ausbildung. Auch wenn die Beziehung zu den Ausbildern als positiv erinnert wird, ist die Unterrichtsnachbesprechung in vielen Fällen durch ein Verhältnis der Abhängigkeit und des hierarchischen Gefälles bestimmt gewesen. Die Erfahrung mit positiven Modellen der Unterrichtsnachbesprechung ist bislang eher selten.

Einprägsamer sind oft die Defizite:

- Unstrukturierte Gesprächsführung,
- punktuelle Beobachtungen,
- Besprechung isolierter Aspekte,
- Gesprächsaufbau nach der Chronologie der Unterrichtsstunde,
- fehlende Gewichtung der besprochenen Aspekte,
- Kritik und „Verbesserungsvorschläge" auf der Grundlage persönlicher Wertvorstellungen des Hospitierenden,
- fehlende Berücksichtigung des von der Lehrperson gewählten didaktisch-methodischen Konzeptes,
- die Subjektivität der Beobachterin bzw. des Beobachters steht als maßstabgebende Instanz im Mittelpunkt,
- die Interessen und Standpunkte der Lehrperson werden nur selten oder wenig berücksichtigt.

Möglicherweise haben einzelne dieser Defizite ihre Ursache in einem naiven Verständnis von Wahrnehmung und Lernen. So stellt sich die Subjektivität des Beobachters als maßgebende Instanz immer dann in den Mittelpunkt, wenn die Meinung vorherrscht, Realität sei *objektiv wahrnehmbar* und vor allem identisch mit dem, was *ich sehe*. Vor diesem Hintergrund kann der Lehr-/Lernprozess gedeutet werden als Übermittlung von Ratschlägen aus dem Erfahrungsschatz des Beobachters an die Lehrperson, die diese in ihr Repertoire von Handlungsmöglichkeiten zu übernehmen hat.

Dem hier skizzierten alltagstheoretischen Verständnis der Unterrichtsnachbesprechung stellt der Deutungsmusteransatz ein Konzept gegenüber, das die biografische Bedingtheit und Perspektivität bei den an der Unterrichtsnachbesprechung beteiligten Personen berücksichtigt (siehe: *Der Deutungsmusteransatz als didaktisches Prinzip*). Die Forderung nach *Modellbildung als Beschreibungsmethode für Unterricht* zieht die Konsequenz aus dem Deutungsmusteransatz: Beobachter und Lehrperson müssen sich vor dem Hintergrund individuell unterschiedlicher Deutungsmuster auf ein Modell zur Beschreibung des konkret gehaltenen und beobachteten Unterrichts als Grundlage für die Unterrichtsnachbesprechung verständigen. Mit diesem Vorschlag wird ein Zugang eröffnet, der in der bisherigen Praxis von Unterrichtsnachbesprechung kaum Tradition hat:

- Erinnerungen *ausgebildeter* Lehrkräfte an *Unterrichtsnachbesprechungen durch ihre Schulleitung* (z. B. am Ende der Probezeit) sind meistens blass. Dies hat zum einen damit zu tun, dass die Unterrichtsnachbesprechung nach der Ausbildung in der Berufsbiografie der meisten Lehrkräfte ein vergleichsweise seltenes Ereignis ist, zum anderen damit, dass viele Schulleitungspersonen das Instrument der Unterrichtsnachbesprechung sehr zurückhaltend nutzen.

- Schulleitungspersonen fühlen sich oft unsicher, wenn sie sich über Unterricht in Fächern äußern sollen, für die sie nicht ausgebildet worden sind. Vor dieser Unsicherheit flüchten sie sich nicht selten in recht globale und unverbindliche Aussagen („Ich sehe, dass Sie unterrichten können.“) Für die Einschätzung und Beurteilung von Lehrkräften beziehen sich Schulleitungspersonen häufig auf andere Informationsquellen; Unterrichtsbesuche dienen oft nur noch dazu, das bereits gewonnene Urteil zu bekräftigen. Entsprechend werden in der Unterrichtsnachbesprechung vor allem die Aspekte herausgestellt, die den vorgängigen Erwartungen und Einschätzungen entsprechen.

- Unterrichtsbesuche und Unterrichtsnachbesprechungen, in denen offenkundige Defizite pädagogischer Arbeit thematisiert werden sollen, werden eher der Schulaufsicht zugewiesen.

Angesichts dieser Ausgangslage kommt es darauf an, die Unterrichtsnachbesprechung von ihrem bisherigen Status einer schulischen Ausnahmesituation mit vergleichsweise geringer Akzeptanz sowohl bei Schulleitungs- als auch Lehrpersonen abzulösen, sie im Rahmen des Qualitätsmanagements und der Personalentwicklung als ein taugliches Feedback-Instrument zu etablieren und sie neben ihrer bislang bevorzugten Verwendung in vornehmlich hierarchisch getönten Zusammenhängen auch zu einem Bestandteil kollegialer Praxis im schulischen Alltag zu machen.

Der Weg hierzu führt über die „Modellbildung als Beschreibungsmethode für Unterricht auf der Grundlage unterschiedlicher Deutungsmuster".

Die Unterrichtsnachbesprechung im Sinne der Modellbildung verläuft über folgende Stationen:

In einem ersten vorbereitenden Arbeitsschritt ordnet die hospitierende Person ihre Eindrücke von der beobachteten Unterrichtsstunde.

Sie versucht zunächst für sich,

- das Konzept der unterrichtenden Lehrperson nachzuvollziehen und
- auf dieser Basis eine erste Einschätzung vorzunehmen.

Auf der Grundlage entsprechender Notierungen erfolgt die Unterrichtsnachbesprechung als **Dreischritt von Rekonstruktion, Evaluation und Neukonstruktion:**

1) Die beobachtende Person klärt mit der Lehrperson ab, ob die von ihr vorgenommene **Rekonstruktion** der Unterrichtsstunde mit den Intentionen und Planungen der Lehrperson übereinstimmt. Wo dies nicht der Fall ist, werden die Notizen der beobachtenden Person korrigiert bzw. ergänzt. Am Ende dieses Arbeitsschrittes verfügen beide Personen über ein annähernd gleiches Verständnis der abgelaufenen Unterrichtsstunde.

2) Nun treten beide Personen in die Phase der **Evaluation** ein; die entsprechenden Notierungen der beobachtenden Person dienen (neben den Wahrnehmungen der Lehrperson) hierfür als eine Arbeitsgrundlage.

Gemeinsam wird der Unterrichtsverlauf in seinen verschiedenen Dimensionen im Hinblick auf die Bearbeitung des Unterrichtsgegenstandes, das Verhalten der Lerngruppe, das Verhalten der Lehrperson, den Interaktionsprozess etc. erörtert.

3) Hierauf kann die **Neukonstruktion** als gemeinsame Überlegung von beobachtender Person und Lehrperson vorgenommen werden.

## 4.3 „Rekonstruktion" und „Evaluation" der Unterrichtsstunde aus der Perspektive der beobachtenden Person

Diese beiden Arbeitsschritte sollen die beobachtende Person darauf vorbereiten, die Unterrichtsstunde zunächst aus der Perspektive der Lehrperson wahrzunehmen und dann erst ihre eigenen Einschätzungen hierauf zu beziehen.

Von jeder Unterrichtsstunde existieren so viele Versionen, wie es Personen gibt, die sie beobachtet haben. Dies hat zu tun mit der zuvor schon erwähnten Eigentümlichkeit pädagogischer Zusammenhänge und der Perspektivität unserer Wahrnehmungen. Die meisten pädagogischen Zusammenhänge sind überkomplex; d. h. es sind in jedem Augenblick mehr Faktoren wirksam, als eine einzelne Person gleichzeitig wahrnehmen kann und ihre Konstellation ist nicht stabil. Dies führt bei Beobachterinnen und Beobachtern zu selektiver Wahrnehmung. Je nach individueller Lernbiografie werden unterschiedliche Beobachter sich auf unterschiedliche Elemente konzentrieren. Überdies können zwischen den verschiedenen Wahrnehmungsdaten unterschiedliche Verknüpfungen hergestellt werden, je nach den besonderen intellektuellen Stilen und individuellen Normen der beteiligten Person. Watzlawick nennt dies die „unterschiedliche Interpunktion von Ereignisfolgen" (Watzlawick 1982).

Im Verlauf einer Unterrichtsstunde hat die beobachtende Person wahrscheinlich eine Vielzahl von Aspekten unterschiedlicher Art und Tragweite notiert, die sie im Sinne ihrer individuellen Perspektivität verknüpft hat und auf die sie sich in der Unterrichtsnachbesprechung beziehen will.

Um aber den im vorigen Kapitel erwähnten Defiziten einer Unterrichtsnachbesprechung vorzubeugen, kommt es darauf an, dass die beobachtende Person versucht, die Unterrichtsstunde zunächst aus der *Perspekti-*

*ve der Lehrperson zu verstehen*, um dann zu überprüfen, ob auf dem Hintergrund dieser Rekonstruktion die von ihr während der Unterrichtsstunde mehr oder weniger spontan vorgenommenen Einschätzungen und Bewertungen plausibel sind und einer kritischen Nachfrage standhalten.

Indem die während der Unterrichtsstunde von der beobachtenden Person wahrgenommenen Einzelheiten auf die Rekonstruktion des didaktisch-methodischen Konzeptes der Lehrperson bezogen werden, ergeben sich Zusammenhänge zwischen einzelnen Beobachtungen, außerdem stellt sich wahrscheinlich eine Gewichtung im Hinblick auf die verschiedenen Daten heraus. Die beobachtende Person wird so in die Lage versetzt, singuläre Beobachtungen nach übergeordneten Gesichtspunkten zusammenzufassen, um hierdurch die Grundlage für eine strukturierte Unterrichtsnachbesprechung zu schaffen. Dabei kann es sinnvoll sein, mehr randständige Aspekte unberücksichtigt zu lassen, um zum Zentrum der Unterrichtsstunde vorzustoßen. Grundsätzliche Alternativen zu dem von der Lehrperson gewählten Konzept sollten erst dann zur Sprache kommen, wenn dieses Konzept im Hinblick auf die in ihm prinzipiell enthaltenen Möglichkeiten ausgeschöpft worden ist.

Die in diesem Arbeitsschritt vorgenommenen Analysen und Reflexionen beruhen noch ausschließlich auf den Hypothesen der beobachtenden Person; die hierin zum Ausdruck kommende perspektivische Sichtweise ist ergänzungsfähig und -bedürftig. Es kommt darauf an, sich eine gewisse Distanz gegenüber eigenen spontanen Bewertungen zu erarbeiten und eine Offenheit für denkbare andere Deutungen der Unterrichtsstunde zu gewinnen. Hierdurch wird es der beobachtenden Person möglich sein, sich in der Unterrichtsnachbesprechung auf die Argumentation der Lehrperson einzulassen und deren Plausibilität zu untersuchen.

### 4.3.1 Rekonstruktion - mögliche Leitfragen

Die Rekonstruktion einer Unterrichtsstunde orientiert sich an zwei Leitfragen:

1) Welches **Konzept** liegt der Unterrichtsstunde zugrunde: was sind die zentralen didaktischen und/oder methodischen Entscheidungen, die die Lehrperson getroffen hat? Welche Funktion(en) hat die Stunde im Lern- und Arbeitszusammenhang der Unterrichtsreihe: Eröffnung, Problemstellung, Planung, Problemlösung, Übung, Übertragung, Abschluss...?

2) In welchen **unterrichtlichen Dimensionen** hat dieses Konzept seinen Niederschlag gefunden? In welchem Verhältnis stehen die verschiedenen unterrichtlichen Dimensionen zur zentralen didaktischen/methodischen Entscheidung: Ist es eher durch *Passung* oder eher durch *Friktion* bestimmt?

Diese beiden Leitfragen bilden das Prinzip für das folgende Formular zur Rekonstruktion des Unterrichtskonzeptes (siehe Abb. 7). Die in diesem Formular genannten unterrichtlichen Dimensionen sind *mögliche* Dimensionen des Unterrichts, aber sie sind nicht die einzig denkbaren; aus diesem Grund sind in das Formular Platzhalter eingefügt („weitere Dimension“), die in Bezug auf die jeweilige Unterrichtsstunde zu konkretisieren sind. Die Orientierung an *vorgegebenen* Dimensionen soll allenfalls dazu dienen, sich „einzusehen“ und darauf aufmerksam zu werden, was es sonst noch zu beobachten gibt.

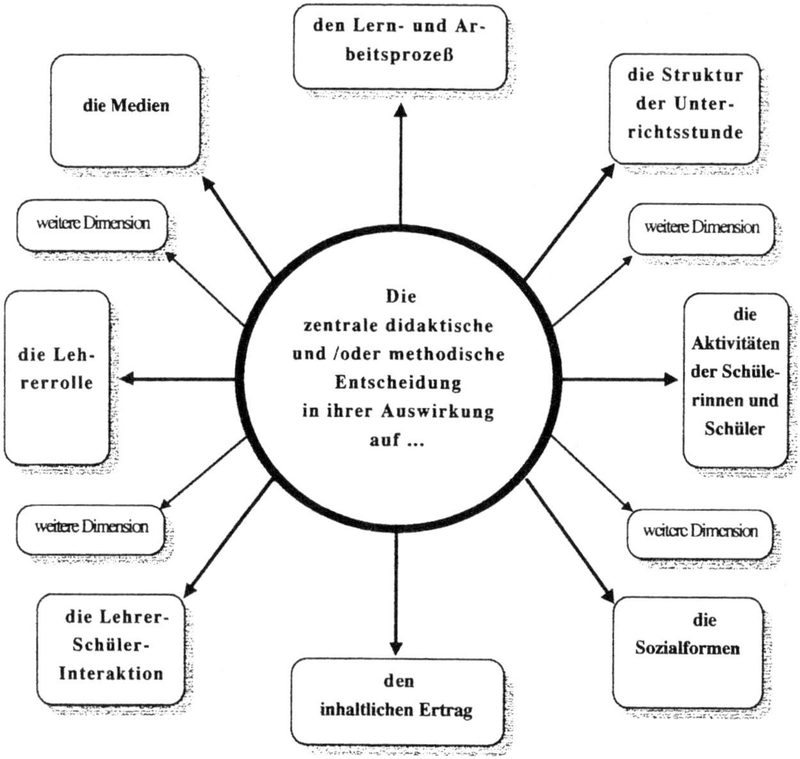


*Abb. 7: Formular zur Rekonstruktion des Unterrichtskonzeptes*

Wer schon geübter in der Beobachtung von Unterricht ist, kann ein Formular ohne jede inhaltliche Vorgabe verwenden (siehe Abb. 8), das nur grafisch zwischen zentraler Entscheidung und unterrichtlichen Dimensionen unterscheidet, wobei die inhaltliche Konkretisierung in der jeweiligen Beobachtungssituation erfolgt. Hierdurch soll und kann vermieden werden, dass Aspekte, die nicht zuvor im Kriterienkatalog explizit genannt worden sind, auch nicht beobachtet werden.

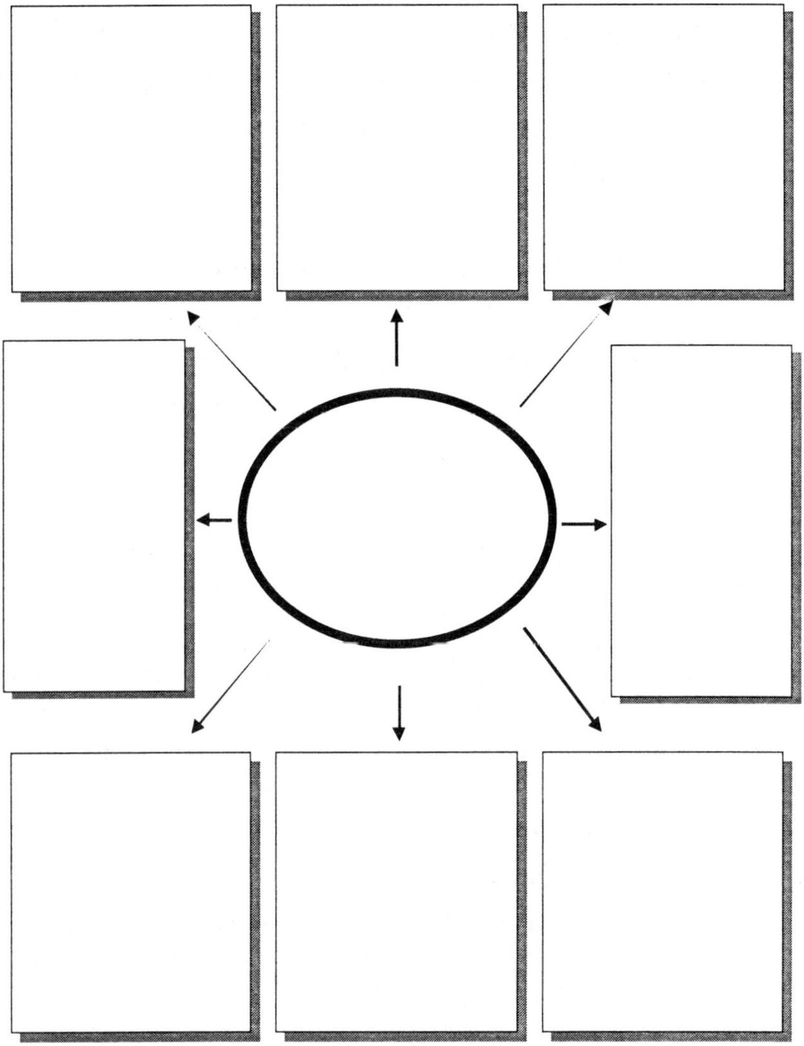

*Abb. 8: Leerformular zur Rekonstruktion des Unterrichtskonzeptes*

### 4.3.2 Evaluation - mögliche Leitfragen

a) Welche **positiven Eindrücke** konnten gewonnen werden:

- im Hinblick auf die Bearbeitung des **Unterrichtsgegenstandes**?
- im Hinblick auf das Verhalten der **Lerngruppe**?
- im Hinblick auf das Verhalten der **Lehrperson**?
- im Hinblick auf den **Interaktionsprozess**?

b) Welche **Schwierigkeiten** konnten beobachtet werden:

- im Hinblick auf die Bearbeitung des **Unterrichtsgegenstandes**?
- im Hinblick auf das Verhalten der **Lerngruppe**?
- im Hinblick auf das Verhalten der **Lehrperson**?
- im Hinblick auf den **Interaktionsprozess**?

Diese beiden Gruppen von Leitfragen werden (vielleicht auch in abgewandelter Form) in nahezu allen Unterrichtsnachbesprechungen thematisiert. Neu in dem hier vorgestellten Konzept sind die folgenden Fragen, die *die Plausibilität des Zusammenhanges* zwischen der zentralen didaktischen und/oder methodischen Entscheidung und den verschiedenen unterrichtlichen Dimensionen thematisieren:

c) - Gibt es einen **plausiblen Zusammenhang** zwischen der zentralen didaktischen und/oder methodischen Entscheidung und

- den positiven Eindrücken,
- den Schwierigkeiten?

d) Lassen sich **unterrichtliche Dimensionen** identifizieren, in denen die zentrale didaktische und/oder methodische Entscheidung nicht (konsequent genug) umgesetzt worden ist?

e) Wird die zentrale didaktische und/oder methodische Entscheidung durch den Unterrichtsverlauf

- insgesamt **bestätigt** oder

- muss sie (in Teilen) **revidiert** werden?

f) Gibt es neben der zentralen didaktischen und/oder methodischen Entscheidung sowie der Art ihrer Umsetzung **andere Faktoren,** die den Unterrichtsverlauf positiv oder negativ beeinflusst haben könnten?

## 4.4 Durchführung einer Unterrichtsnachbesprechung

Die Unterrichtsnachbesprechung im Sinne des hier vorgestellten Konzeptes wird - entgegen einer traditionell weit verbreiteten Praxis - von der *beobachtenden Person* eröffnet, nicht von der Lehrperson, die die Unterrichtsstunde gehalten hat. Dies soll näher begründet werden.

Die besonders in Ausbildungszusammenhängen verbreitete Form der Eröffnung einer Unterrichtsnachbesprechung beginnt mit einem Statement der Person, die die Stunde gehalten hat. Manche Ausbilder nutzen diese Phase, um das selbstkritische Reflexionsvermögen der Lehrperson zu überprüfen. Außerdem bietet sich hier der beobachtenden Person die Gelegenheit festzustellen, an welchem Punkt sie mit der eigenen Kritik „einhaken" kann.

Dies ist natürlich auch der Lehrperson bekannt, über deren Stunde gesprochen werden soll. Sie sieht sich in der Zwickmühle, einerseits kritische Anmerkungen zum eigenen Unterricht zu liefern, andererseits aber den Kritikpunkt nicht zu mächtig werden zu lassen, weil davon ja letztlich die Beurteilung der eigenen Leistung abhängt. Also tut sie gut daran, der beobachtenden Person ein „Bauernopfer" anzubieten. Eröffnungen in dieser Form sind nicht mehr als hoch ritualisierte Rangeleien, in denen beide Gesprächspartner eine für sie günstige Ausgangslage etablieren möchten. Nur eines sind sie nicht: Offene Lernsituationen.

Aus diesem Grund wird hier für die Umkehrung der traditionellen Eröffnungs-Situation plädiert: Die beobachtende Person beginnt mit einem Statement darüber, wie sie die Unterrichtsstunde wahrgenommen hat, was nach ihrer Einschätzung das didaktische und / oder methodische Zentrum der Unterrichtsstunde darstellt. (Siehe: Rekonstruktion - mögliche Leitfragen, Kap. 4.3.1) Der Eröffnungssatz könnte lauten: „Ich habe diese Stunde so wahrgenommen, dass es Ihnen vor allem darum ging, die Mitglieder der Lerngruppe auf der Grundlage eines Schülerexperimentes in ihrer Methodenkompetenz zu fördern. Ist das zutreffend?"

Wer so als Beobachter einer Unterrichtsstunde die Nachbesprechung eröffnet, riskiert, dass sein Gegenüber ihm antwortet: „Nein, das ist nicht so. In dieser Stunde war die Förderung der Methodenkompetenz nicht das Hauptanliegen, mir ging es vielmehr darum, ..." Diese Entgegnung wirft den Beobachter zunächst einmal aus der Bahn, die er sich für die Unterrichtsnachbesprechung bereitet hatte. Er ist gezwungen, seine Wahrnehmungen unter Aufgabe des bisher von ihm verfolgten Deutungsmusters neu zu sortieren und dabei dem Deutungsmuster der Lehrperson zu folgen, was möglicherweise zu einer veränderten Sichtweise auf die Stunde und zu einer anderen Einschätzung derselben führt. Diese scheinbare „Schwächung" des Beobachters in der Unterrichtsnachbesprechung ist durchaus beabsichtigt. Die Begründung hierfür liegt in einer Erfahrung, die wahrscheinlich die meisten Personen schon einmal gemacht haben, die eine Unterrichtsstunde aus der Position des Beobachters besprochen haben.

In der Beobachtung einer Unterrichtsstunde bildet sich bei der beobachtenden Person ein bestimmtes Bild von der Stunde und darüber, was deren zentrales Anliegen gewesen sei. Die einzelnen Wahrnehmungen werden diesem Bild eingepasst. Dabei bleiben möglicherweise bestimmte Einzelheiten, die sich nicht einfügen wollen, unberücksichtigt, andere, die ein Argument für die Deutung des Beobachters geben, werden in ihrer Bedeutung aufgewertet und ausgeweitet. In der Nachbesprechung werden Einwände der beobachteten Person leicht als Ausflüchte bagatellisiert. Die beobachtende Person kann ihr Deutungsmuster um so leichter durchsetzen, wenn sie sich in einer hierarchisch höheren Position befindet.

In einem gewissen zeitlichen Abstand zur Gesprächssituation kann sich aber ein Effekt einstellen, der aus der Gestaltwahrnehmung als „Kippbild" bekannt ist. Hiermit ist gemeint, dass z. B. die dreidimensionale zeichnerische Wiedergabe eines Gegenstandes je nach Fixierung des Blickpunktes des Betrachters widersprüchlich gelesen werden kann: Ist die Figur (z. B. Treppe oder Würfel) in die Fläche hinein oder aus der Fläche heraus geklappt? Übertragen auf die Situation der Unterrichtsnachbesprechung bedeutet der Kippbild-Effekt, dass sich möglicherweise die Wahrnehmung und Bewertung einer Unterrichtsstunde krass verändert, vielleicht sogar in ihr Gegenteil verkehrt, wenn man den Fixpunkt verändert, unter dem man die Stunde betrachtet hat. Wichtig für die Wirkung der Nachbesprechung ist es aber, dass diese Veränderung des Fixpunktes bzw. das Durchspielen unterschiedlicher Fixpunkte nicht erst in einem zeitlichen Abstand *nach* dem Gespräch stattfindet, sondern das Gespräch eröffnet. Dies bietet dem Beobachter der Unterrichtsstunde die Möglichkeit, gegebenenfalls die Ich-Bezogenheit seiner bisherigen Betrachtungsweise zu erkennen und eine andere Hinsicht auf die Unterrichtsstunde zu gewinnen.

In diesem Sinne könnte sich die Eröffnungsphase einer Nachbesprechung vielleicht folgendermaßen abspielen:

**B**(eobachtende Person): Ich habe Ihre Stunde so verstanden, dass die zentrale didaktische/methodische Entscheidung darauf gerichtet war, die **Methodenkompetenz** Ihrer Schülerinnen und Schüler zu fördern.

*Mit dieser Äußerung eröffnet **B** die Phase der Evaluation seiner Rekonstruktion, indem er ein Feedback von **L** zu seiner leitenden Annahme einfordert. Wird diese Annahme durch **L** bestätigt, kann das Gespräch auf der Grundlage des Formulars zur Rekonstruktion der Unterrichtsstunde fortgeführt werden. In dem hier angenommenen Fall lautet jedoch die Antwort:*

**L**(ehrperson): Nein, mir ging es darum, **unterschiedliche Zugänge zum Gegenstand für unterschiedliche Lerntypen** zu eröffnen

**B**: Geben Sie mir einen Augenblick Zeit, damit ich meine Eindrücke neu ordnen kann. (**B** hat zunächst im Blick gehabt, den Aspekt „wissenschaftspropädeutisches Vorgehen" in der Nachbesprechung hervorzuheben. Er wollte **L** veranlassen, die „*wissenschaftsmethodische* Schrittfolge" deutlicher in den Vordergrund zu stellen. Sein Rat hätte darin bestanden, das aus einer Sicht „*unterrichtsmethodische* Beiwerk" zu reduzieren und stattdessen eine Konzentration auf die Schrittfolge „Problemformulierung", „Hypothesenbildung", „Planung, Durchführung und Ergebnissicherung des Experiments", „Deutung des Ergebnisses", „Verwerfen oder Bestätigen der Hypothese" zu empfehlen.

Für **L** war es jedoch nicht darum gegangen, die *wissenschaftsmethodische* Schrittfolge zum wiederholten Male zu thematisieren. Sein Stundenkonzept zielte in eine andere Richtung. Die alternativ in arbeitsteiliger Gruppenarbeit angebotenen *unterrichtsmethodischen* Zugänge waren kein

Beiwerk. Es sollte vielmehr die Einsicht in die Möglichkeit **unterschiedlicher Zugänge** zu **einem Gegenstand** vermittelt werden; in dieser Stunde ging es daher um die Parallelisierung von Real-Experiment, Computer-Simulation und mathematischer Lösung, nicht um wiederholtes Einschleifen **eines** bestimmten Weges. Damit sollten zugleich **unterschiedliche Kompetenzen** der Schülerinnen und Schüler zu ihrem Recht kommen.

Lässt sich **B** auf diese Intention von **L** ein, muss er die ursprünglich von ihm geplante Richtung der Unterrichtsnachbesprechung ändern. Jetzt steht nicht mehr die Frage im Mittelpunkt, ob die Unterrichtsstunde die wissenschaftsmethodische Schrittfolge in angemessener Reduktion abgebildet hat, sondern **B** muss seine Wahrnehmungen neu organisieren unter der Fragestellung, ob den Schülerinnen und Schülern die spezifische Leistung der drei unterschiedlichen Zugänge hinreichend deutlich geworden ist und ob deren individuelle Kompetenzen zu ihrem Recht gekommen sind. (Im Formular zur Rekonstruktion der Unterrichtsstunde sollten entsprechende Korrekturen vorgenommen werden.) Dieser Richtungswechsel in der Anlage der Nachbesprechung hat den Vorteil, dass es jetzt nicht mehr darum geht, dass **B** der Unterrichtsstunde von **L** sein persönliches Konzept überstülpt, sondern dass er sich auf das Konzept von **L** einlässt, um gemeinsam nach Möglichkeiten der Optimierung zu suchen. Dazu erörtern sie zunächst gemeinsam die Frage, in welchem Verhältnis die verschiedenen unterrichtlichen Dimensionen der beobachteten Stunde zur zentralen didaktischen/methodischen Entscheidung stehen: Ist es eher durch *Passung* oder eher durch *Friktion* bestimmt?

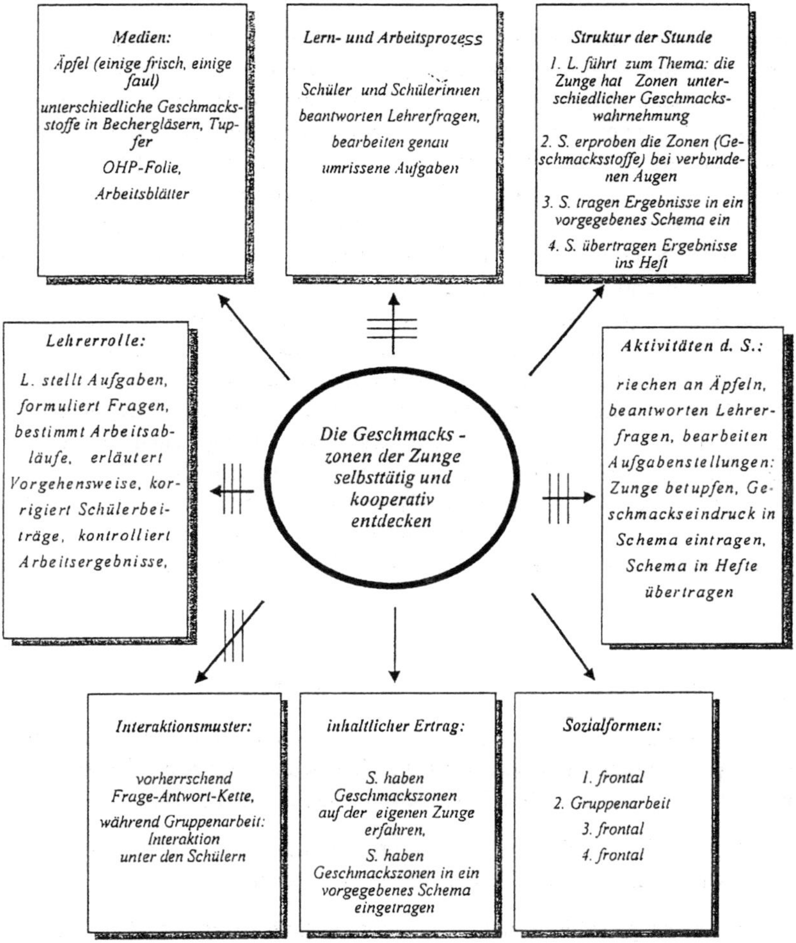


*Abb.9: Beispiel zur Rekonstruktion einer Unterrichtsstunde*

Das in der Abbildung 9 gezeigte Formular fasst die Beobachtungen aus einer Biologie-Stunde in der Jahrgangsstufe 7 zum Thema „Geschmackszonen der Zunge" zusammen. Hinsichtlich der Frage nach dem Verhältnis von Passung oder Friktion zwischen zentraler didaktischer/methodischer Entscheidung und den verschiedenen unterrichtlichen Dimensionen sind vier Dimensionen im Sinne von Friktionen markiert worden: „Lehrerrolle", „Lern- und Arbeitsprozess", „Aktivitäten der Schülerinnen und Schüler" sowie die „Interaktionsformen". Die Friktion besteht darin, dass die Aspekte „Selbsttätigkeit" und „Entdecken" nicht oder nur partiell durch die Beobachtungen in den genannten Dimensionen eingelöst werden. Vor allem die eng steuernden Interventionen der Lehrperson sind hierfür ursächlich; sie führen zwangsläufig zu einem engschrittigen und wenig selbstbestimmten Lern- und Arbeitsprozess, in dem sich die Aktivitäten der Schülerinnen und Schüler auf die Ausführung vorgegebener Aufträge beschränken und in dem die Frage-Antwort-Kette das vorherrschende Interaktionsmuster darstellt. Eine positive Abweichung stellt die Gruppenarbeitsphase dar, in der Interaktion *innerhalb* der Schülergruppen zu beobachten ist, hier haben die Schülerinnen und Schüler einen gewissen Freiraum, um individuelle Erfahrungen mit den bereitgestellten Geschmacksstoffen zu machen, wenn auch nur in einem eng vorgegebenen Aufgaben-Rahmen. Der größte Grad der Passung zur zentralen didaktischen/methodischen Entscheidung ist in der Dimension „Medien" festzustellen: Alle bereitgestellten Medien sind grundsätzlich geeignet, einen Lern- und Arbeitsprozess im Sinne selbsttätigen und kooperativen Entdeckens zu ermöglichen.

### 4.4.1 Neukonstruktion der Unterrichtsstunde

An diesem Punkt der Überlegungen können beide Gesprächspartner in die Phase der **Neukonstruktion** der Unterrichtsstunde eintreten. Dabei können sie sich generell an den folgenden Leitfragen orientieren:

- Welche Möglichkeiten gibt es, um das gewählte didaktisch-methodische Konzept noch konsequenter umzusetzen?
- Muss das gewählte didaktisch-methodische Konzept (in Teilen) revidiert werden? Wie könnte eine solche Revision aussehen?
- Welche anderen Faktoren, die den Unterrichtsverlauf beeinflusst haben, sind bei den Revisionsüberlegungen zu berücksichtigen? Zu welchen Veränderungen könnte dies führen?
- Welche Aspekte der beobachteten Unterrichtsstunde sollten als positive Elemente auch künftig Berücksichtigung finden?

Bezogen auf die skizzierte Unterrichtsstunde zum Thema „Geschmackszonen der Zunge“, könnte sich die Neukonstruktion an folgenden Punkten orientieren:

- Das didaktisch-methodische Konzept ist nicht revisionsbedürftig, es handelt sich um eine sinnvolle Entscheidung.
- Die bereitgestellten Medien bieten eine geeignete Grundlage zur Realisierung des Konzeptes,
- Die Phase der Gruppenarbeit hat einen gewissen Spielraum für mehr Selbsttätigkeit der Schülerinnen und Schüler geboten und entsprechend auch deren Interaktion gefördert.

Zu überlegen ist,

- wie die Aktivitäten des Lehrers zu verändern sind,
- um insgesamt mehr selbst gesteuerte Aktivitäten der Schülerinnen und Schüler
- im Sinne eines entdeckenden Lern- und Arbeitsprozesses zu ermöglichen
- und damit die vorhandenen positiven Ansätze des Unterrichtskonzeptes auszubauen.

Es ist hoffentlich deutlich geworden, dass durch diese Art, eine Unterrichtsnachbesprechung anzulegen, gravierende Defizite vermieden werden:

- Die besprochenen Aspekte werden nicht isoliert betrachtet, sondern im Wirkungszusammenhang,
- die beobachtende Person stülpt der Lehrperson nicht ihre eigenen Ideen für eine gänzlich andere Unterrichtsstunde über,
- die positiven Aspekte der Stunde kommen als Ausgangspunkt für denkbare Optimierungen zur Sprache.

### 4.4.2 Reflexion der Unterrichtsnachbesprechung - Mögliche Leitfragen

Im Anschluss an eine Unterrichtsnachbesprechung sollten sich die Lehrperson und die beobachtende Person gegenseitig Feedback geben. Dieses sollte in Form von Ich-Botschaften formuliert werden. Das Feedback beginnt mit der Äußerung der Lehrperson, es folgt die der beobachtenden Person. Beide können sich an folgenden Leitfragen orientieren:

**Lehrperson:**

Wie habe ich mich während der Unterrichtsnachbesprechung als Lehrperson gefühlt? Wodurch ist dieses Gefühl entstanden?

- Wie habe ich die beobachtende Person erlebt: ...als sicher, ...helfend, ...offen für meine Perspektive?
- Was hat mir geholfen? Was hat mich gestört?
- Welchen Eindruck habe ich nachträglich vom Gesprächsverlauf?
- Welche Konsequenzen ziehe ich aus der Nachbesprechung?

**Beobachtende Person:**

- Wie habe ich mich während der Unterrichtsnachbesprechung als beobachtende Person gefühlt? Wodurch ist dieses Gefühl entstanden?
- Was hat mir besondere Mühe bereitet?
- Wie habe ich die Lehrperson erlebt: ...als reflexionsfähig, ...lernoffen, ...interessiert an anderen Standpunkten?
- Welchen Eindruck habe ich nachträglich vom Gesprächsverlauf?
- Habe ich den Eindruck, durch die Nachbesprechung eine positive Wirkung erzielt zu haben?

An die beiden Statements kann sich eine gemeinsame Reflexion darüber anschließen, wie der Gesprächsverlauf zu optimieren wäre.

# 5. Normative Orientierungen für die Unterrichtsnachbesprechung

Unbeschadet der Notwendigkeit, sich in der Unterrichtsnachbesprechung auf die Existenz individueller, biografisch bedingter Deutungsmuster bei den beteiligten Personen einzulassen und diese als Ausgangspunkt des Gespräches zu akzeptieren, kann die Frage unterrichtlicher Qualität nicht einfach der völligen Beliebigkeit überlassen bleiben.

In diesem Zusammenhang sollen einige normative Orientierungen angeboten werden, die auch angesichts höchst unterschiedlicher Vorstellungen gleichsam als Minimalkonsens akzeptiert werden können. Diese beziehen sich sowohl auf inhaltliche als auch auf kommunikative Aspekte der Unterrichtsnachbesprechung.

*Inhaltliche Aspekte*

Unabhängig von fachdidaktischen Kriterien wird sich jede Stunde daraufhin befragen lassen müssen, worin ihre **Bildungswirksamkeit** besteht, inwieweit durch sie für die Schülerinnen und Schüler **Sinnhaftigkeit** erfahrbar wird. Dieser Aspekt wird thematisiert unter dem Stichwort „Der erweiterte Lernbegriff" aus der Denkschrift der Kommission „Zukunft der Bildung - Schule der Zukunft" (siehe Kap. 6).

Als Minimalanforderung wird man von einer Unterrichtsstunde außerdem erwarten können, dass in ihr möglichst keine oder wenigstens keine schwerwiegenden **Kunstfehler** im Sinne der Zusammenstellung von Memmert (siehe Kap. 7) begangen werden.

*Kommunikative Aspekte*

Eine Orientierung für die Durchführung einer Unterrichtsnachbesprechung in ihren wesentlichen Dimensionen und Phasen bieten die „Hinweise zur Strukturierung von Unterrichtsnachbesprechungen" von Boettcher (siehe Kap. 8).

# 6. Das Haus des Lernens: Der erweiterte Lernbegriff

(Bildungskommission NRW 1995, S. 82 f.)

„(Der) erweiterte Lernbegriff, der die Schule der Zukunft prägen soll, erfordert anders gestaltete Lernsituationen. Sie müssen Fachlichkeit und überfachliches Lernen, individuelle und soziale Erfahrungen, Praxisbezug und die Einbeziehung des gesellschaftlichen Umfeldes miteinander verknüpfen.

Fachliches Lernen und fachliche Kompetenz werden auch in der Schule der Zukunft ihren herausragenden Platz haben. Die Kompetenz, Lernprozesse selbst zu steuern, entwickelt sich nur im Aufbau von Wissen und Können.

Fachliches Lernen wird sich aber anders vollziehen, als es heute in der Regel noch der Fall ist: Es wird stärker auf überfachliche Zusammenhänge bezogen werden, Sinnhaftigkeit und Anwendungsbezug werden erfahrbar sein müssen, wenn Lernen dauerhafte Bildungswirksamkeit haben soll. Alltagsfragen, Alltagserfahrungen und Lebensprobleme, die Schülerinnen und Schülern mitbringen, sollen die Lernsituationen in stärkerem Maße mitbestimmen, sie realitätsnäher werden lassen.

Die Lernkultur im „Haus des Lernens“ zeichnet sich vor allem durch die Vollständigkeit von Lernprozessen aus. Vollständige Lernprozesse umfassen mehrere Phasen oder Stufen: Aufgaben- und Problemorientierung, genaue Formulierung von Absichten und Zielen, klare Definition der Aufgaben oder Probleme, zielorientierte Bearbeitungsprozesse und Überprüfung von Lösungen.

Bruchstückhafte und isolierte Lernprozesse, wie sie heute noch weitgehend charakteristisch sind und durch die Informationsaufbereitung der Massenmedien verstärkt werden, verhalten sich zu einem reflektierten und selbstverantworteten Lernen kontraproduktiv.

Selbstgestaltetes Lernen setzt den Erwerb eines Repertoires von individuellen Fähigkeiten voraus. Als Lernkompetenzen werden sie mit Vorerfahrungen und biografischen Denkmustern verbunden und Bestandteil des Handlungsrepertoires einer Person.“

# 7. Kunstfehler beim Unterrichten

(Nach: Memmert 1997, S. 257 ff. Die Aufzählung der Kunstfehler folgt Memmert, die Beispiele sind hinzugefügt.)

Das Konzept der Unterrichtsnachbesprechung auf der Grundlage des Deutungsmusteransatzes ist kein Plädoyer für die Einführung der Beliebigkeit. Neben den Aspekten, die zwischen den beteiligten Personen zu verhandeln sind, gibt es auch solche, bei denen ein schlichtes „richtig“ und „falsch“ zu unterscheiden ist. In Anlehnung an eine Terminologie, wie sie etwa im medizinischen Bereich eingeführt ist, soll auch hier von „Kunstfehlern“ die Rede sein. Wolfgang Memmert unterscheidet die folgenden Kunstfehler beim Unterrichten:

**1. Inhaltsfehler**

**1.1 Inhaltliche Verstöße gegen das eigene Unterrichtsfach**

Beispiel: L spricht in einem Diktat das Wort „traurig“ mit einem harten „g“ (wie „k“), um den Rechtschreibfehler „traurich“ zu vermeiden.

**1.2 Inhaltliche Verstöße gegen ein anderes Unterrichtsfach**

Beispiel: In einem Lesebuchtext kommt das Wort „Kriechtiere“ vor. L. fragt: Wisst ihr, was man darunter versteht? S.: Ja, Schnecken und Würmer. L: Gut, weiter. (Schnecken sind Weichtiere, Würmer ein eigener Tierstamm)

**2. Organisationsfehler**

Beispiel: L stellt die Hausaufgabe nach dem Pausenzeichen. Als die Schüler murren, rügt L. sie wegen ihrer laxen Arbeitsmoral.

**3. Führungsfehler**

**3.1 Aufforderungsfehler**

Beispiel: L: Seid doch mal ein bisschen spontaner!

**3.2 Kontrollfehler**

Beispiel: L. stellt Hausaufgaben, führt aber selten Kontrollen durch oder bezieht Hausaufgaben nicht in den Unterricht ein.

### 3.3 Sanktionierungsfehler

Beispiel: Auf Macht gegründetes Loben und Strafen. Positive oder negative Sanktionierung erfolgt ohne inhaltliche Rückbindung an einen Sachverhalt.

## 4. Methodenfehler

### 4.1 Motivierungsfehler

Beispiel: L. spielt eine Kassette mit dem Pink Floyd-Song `We **don´t** need no education´ als Einführung in den Gebrauch von `to do´.

### 4.2 Darstellungsfehler

Beispiel: L. unterbricht eine spannende Erzählung, um den Schülern Worterklärungen zu geben

### 4.3 Fragefehler

Beispiel: L. verwendet Suggestiv-, Ketten-, Ergänzungs-, Definitions-, Entscheidungsfragen etc.

### 4.4 Fehler beim Einsatz von Unterrichtsmitteln

Beispiel: Engzeilig und mit fortlaufendem Text beschriftete OHP-Folie, Vorführung zu kurzer oder zu langer Film-Ausschnitte etc.

### 4.5 Aufgabenfehler

Beispiel: L. Formuliert euren persönlichen Eindruck von diesem Film als zusammenhängenden Text. Ihr könnt dabei in Kleingruppen arbeiten.

# 8. Hinweise zur Strukturierung von Unterrichtsnachbesprechungen

(Boettcher o. J.)

„Diese - nach Art einer Checkliste zusammengestellten - Hinweise entstammen aus der bisherigen Zusammenarbeit mit Schulleitern; sie sind dort anhand konkreter Fälle diskutiert worden. Ihre Tauglichkeit muss auch anhand konkreter Einzelfälle diskutiert werden. Gleichwohl können sie zu solchen eigenen Überlegungen anregen.

Es geht also nicht um Verhaltensanweisungen, die - fallunabhängig oder am fingierten Einzelbeispiel - eingeübt werden könnten / sollten. Ein solches methodisiertes Training könnte - allenfalls - zu einer Anpassung einzelner eigener Verhaltensweisen an aktuelle Berater-Standards führen, nicht aber zur Entwicklung eines konsistenten wirksamen Beratungshandelns (dafür sind praxisbegleitende längerfristige Lernformen - z. B. Fallbesprechungsgruppen - notwendig). Hier geht es eher darum, die Ansprüche an einen selbst als Berater etwas realistischer zu gestalten und zugleich die eigenen Handlungsspielräume an einigen Stellen zu erweitern.

*1. Organisatorische Vereinbarungen:*

- Beratung als Hospitation oder lieber als Fallbesprechung?
- Hospitation als Fortsetzung einer Fallbesprechung oder Fallbesprechung als Fortsetzung einer Hospitation?
- Erste Gespräche unbedingt mit Lehrern, zu denen bereits eine relativ sichere und positive Arbeitsbeziehung besteht, damit positive Mundpropaganda über die Erfahrungen mit Beratungsgesprächen und ihre Nützlichkeit entsteht.
- Hospitationen auf Dauer möglichst kurzfristig verabreden und ausdrücklich keine gesonderten Unterrichtsplanungen verlangen, damit nicht der für die Referendarzeit typische Druck entsteht.
- Geschützten Beratungsort (kein Durchgangszimmer) und geschützte Beratungszeit (keine Springstunde vor anschließendem weiteren Stress für den Lehrer) verabreden.

- Festen Zeitumfang verabreden: Lieber eine Fortsetzung des Gesprächs vereinbaren als das Ende verschleppen (Zeit ist - vor allem im Arbeitsfeld Schule - kostbar!).

2. *Zielvereinbarungen:*

- Klarheit über das Hospitationsziel schaffen: Information des Schulleiters über die Schüler, über die Verhaltens-Bandbreite des Kollegiums, über einzelne - z. B. neue - Lehrer im Kollegium usw.?
- Klarheit schaffen über den Gesprächs- und Beratungsbedarf, damit nicht ein Gesprächsprozess entsteht, bei dem der Schulleiter dem Lehrer mit seinen Beratungsangeboten `hinterherläuft´: Bloße Hospitation, einseitige Rückmeldung über Eindrücke des Schulleiters, wechselseitiges Verdeutlichen pädagogischer Auffassungen, Offenlegen von Bewertungseindrücken angesichts anstehender Leistungsberichte, Beratungswunsch des Kollegen bzw. Beratungsangebot des Schulleiters usw.?
- Klarheit schaffen über den Bezug der einzelnen Hospitation bzw. des Beratungsgesprächs zum Gesamtkomplex der Kollegiumsfortbildung (z. B. Einbau der Hospitationen in `pädagogische Monatsthemen´ wie `Körpersprache des Lehrers´, `Disziplinprobleme´, `Schüler ermutigen´ usw.).
- Soll die Hospitation und das ev. Beratungsgespräch von vornherein unter einem Problem-Fokus stehen (Beobachtungs-Auftrag durch den Lehrer) oder offen sein?
- Ansprechen der angesichts des Stands der Arbeitsbeziehung von Schulleiter und Lehrer möglichen Schwierigkeiten im Gespräch und der gemeinsamen Möglichkeiten, mit solchen Schwierigkeiten umzugehen (erwartete Schwierigkeiten anzusprechen, macht sie unwahrscheinlicher!)

3. *Eröffnungsphase des Gesprächs:*

- Zu Beginn keine `Konversation'
- Im Regelfall nicht den Lehrer bitten, zu seinem Unterricht (allgemein) Stellung zu nehmen (führt üblicherweise zu `Bauernopfer´ oder `Aufrüstung´).

- Den Lehrer bitten, für ihn wichtige Punkte vorzuschlagen, selber eigene wichtige Punkte anmelden.
- Der beratene Lehrer hat vorrangig das Recht, das Ausmaß an Offenheit zu bestimmen; der Schulleiter kann ihn darauf sogar hinweisen, z. B.: „Ich wünsche mir Offenheit von Ihrer Seite, aber bitte regeln Sie selber, wie offen Sie sich in dieses Gespräch einlassen".

4. Strukturierung des Beratungsgesprächs:

- Nicht erst das `Positive´, dann das (eigentliche!) Negative ansprechen.
- Positive mindestens so ausführlich und genau belegen wie Negative.
- Den Übergang von mehr fachinhaltlich-fachmethodischen Themen zu solchen der Berufspersönlichkeit des Lehrers zunächst ansprechen und - jedenfalls bei ersten Gesprächen mit einem Lehrer - sich vergewissern, dass der Lehrer dieses Problem auch wirklich ansprechen will, (damit er sich nicht im Nachhinein durch seine Offenheit und Problemintimität ausgeliefert fühlt).
- Wenn der Lehrer ein therapeutisches Problem anbietet, ihm Mut machen, daran zu arbeiten, aber auf andere, externe Berater verweisen.
- Lieber ein Gespräch abbrechen (und vertagen), wenn im Moment keine hinreichende Offenheit möglich ist, als es `über die Runden bringen´.

*5. Interaktionen im Gespräch:*

- - Problematische Aspekte im Verhalten des Lehrers mit `entwaffnender Offenheit´ ansprechen, nicht `sich anschleichen´.
- Den ev. eigenen Ärger über Verhaltensweisen/Meinungen des Lehrers als Ich-Botschaft ansprechen (und damit selber ein Risiko eingehen), statt ihn verkappt auszuagieren.
- Bei zustimmenden und vor allem bei kritischen Einschätzungen unbedingt die eigene Neugier, das eigene Interesse deutlich machen, damit nicht nur der Kontrollaspekt der Beziehung Schulleiter - Lehrer vermittelt wird. Also statt „Das war gut." lieber „Mir hat gefallen, dass Sie..." sagen und statt „Das war nicht gut." lieber „Ich wurde

ganz unruhig, als Sie..." oder „Ich fing richtig an, mich zu ärgern, als Sie...".

- Deutlich machen, wo die eigenen Rückmeldungen an den Lehrer eine ihm zur freien Verfügung gestellte Anregung sein sollen, wo sie einen Wunsch zur Veränderung des Lehrers enthalten und wo sie (...) Ansprüche auf Veränderung beinhalten.
- Bei Ausweichversuchen des Lehrers weder einfach „loslassen" noch einfach nachhaken („Verfolgungsjagd") - lieber das heiße Thema aus der eigenen Sicht benennen und zu vertagen vorschlagen oder dieses Ausweichen ansprechen.
- Der Schulleiter hat ein Recht auf kritisches Feedback an den Lehrer; das bedeutet jedoch nicht auch schon, dass der Lehrer diese Kritik aufgreifen bzw. sich ihr anschließen muss.
- Wut oder Weinen ist nichts Schlimmes - es ist jedenfalls kein Grund, als Schulleiter Offenheit oder Deutlichkeit in der Sache zurückzunehmen.
- Selber aus `Machtkämpfen´ und anderen Spielen aussteigen (also nicht den anderen zwingen, mit solchen Spielen aufzuhören).

6. *Verstehen im Beratungsgespräch:*

- Bei allgemeinen/zu verallgemeinerten Problemdarstellungen des Lehrers um Konkretisierung an einer - z. B. der letzten ihm erinnerlichen - Situation bitten.
- Bei neutralen / affektarmen Darstellungen von Situationen nach den affektiven Besetzungen dieser Situation fragen.
- Immer wieder auch während des Beratungsgesprächs die eigene Befindlichkeit (Affekte, Unlust, Müdigkeit usw.) wahrnehmen, sie sagt etwas aus über die momentane Arbeitsbeziehung zum Lehrer (und sie kann auch etwas über dessen Problem aussagen).
- Sprache des Lehrers (z. B. auffällige Bildlichkeit?) - Körpersprache / Stimme des Lehrers - Übereinstimmung beider?
- Lieber frühe erste offene und ausdrücklich als unfertig deklarierte Verstehensangebote an den Lehrer; sie ermuntern eher zur Selbster-

kundung und zum Dialog mit dem Schulleiter als lang zurückgehaltene, dann aber 'fertige' und massiv belegte Einschätzungen (also keine 'Beweise' sammeln wollen).

- Erst einmal die Selbständerungswünsche im Lehrer auffinden bzw. ihm aufzufinden helfen, statt ihn mit externen normativen Ansprüchen zu konfrontieren, wie er zu sein / werden hätte.

7. *Schlussphase des Beratungsgesprächs:*

- Stimmungslage ansprechen:
- Wie ist dem Schulleiter zumute, wie dem Lehrer?
- Wie ist uns zumute, wenn wir uns in den nächsten Tagen in der Schule über den Weg laufen: Verletzt? 'Sauer'?

- Fragen,
- ob es Punkte aus dem Gespräch gibt, die in das Kollegium hinein veröffentlicht werden sollen,
- welche Punkte ausdrücklich verschwiegen bleiben sollen.

Solche Absprachen unbedingt genau einhalten.

- Kurze Auswertung des Beratungsgesprächs unter Prozessgesichtspunkten machen; Folgerungen für ein nächstes Gespräch verabreden.
- Fragen, wo sich der Lehrer persönliche Weiterarbeit wünscht / vornimmt, wo er sich eine Veränderung in den Kollegiumsbeziehungen wünscht (z. B. mehr Absprachen mit den Kollegen), wo er sich eine Veränderung der organisatorischen Bedingungen an der Schule wünscht (z. B. „Was können Sie tun und was kann Ihrer Meinung nach ich tun, damit Sie an den angesprochenen heiklen Punkten leichter / zufriedener / effektiver arbeiten können?“)
- Folgerungen aus dem inhaltlichen Verlauf ziehen - für Schulleitung, Lehrer und Kollegium.
- Ev. Vereinbarung eines Folgegesprächs:
- Als Fortsetzung (aufgrund Zeitmangels)?

- Als erneute Hospitation, diesmal aber mit einem bestimmten Fokus (z. B. Interaktionen bestimmter Schüler, mit denen der Lehrer besondere Probleme hat)?
- Als Folgegespräch ohne erneute Hospitation (sondern als Fallbesprechung)?
- Als kollegiales Gespräch im Rahmen schulinterner Fortbildung?“

# 9. Fremd- vs. Selbstbeurteilung und kollegiale Bewertungsformen

(Brenn 1989, S. 183 ff.)

„Die herkömmliche und gängige Praxis der durchwegs fremdbestimmten Unterrichtsbeurteilung durch Inspektion bzw. Unterrichtsbesuche und Hospitation drängt den Lehrer und auch Studierenden oft in eine Verteidigungshaltung, da bei der Bewertung primär die Entscheidung des Beurteilers gilt und nicht die vom Lehrer vertretenen Standpunkte, und zwar unabhängig von der jeweiligen Sachkompetenz. Da Lehrer der eigenen Persönlichkeit für das Ge- bzw. Misslingen der Erziehungs- und Unterrichtsarbeit einen hohen Stellenwert beimessen, werden bemängeltes Agieren und Kritik in der Folge als *persönliches Versagen* mit allen seinen negativen Begleiterscheinungen gewertet. Unakzeptierte Bewertungen, das sind solche, die nach Dafürhalten des beurteilten Lehrers nicht zutreffen, zeigen daher unmittelbare und zumeist nicht unbedingt förderliche Folgen für die Betroffenen.

Das *Modell der Fremdbeurteilung* könnte somit für einzelne Lehrer einen progressiven Zustand der Entfremdung zeitigen, und zwar um so eher, je weniger Gelegenheiten gegeben werden, eigene Begründungen, Rechtfertigungen und Erklärungen darzulegen sowie die eigene Selbstbefindlichkeit auszudrücken.(...)

Nicht nur Lehrer werden hauptsächlich dann zu begründetem autonomen Handeln und Entscheiden befähigt, wenn sie sukzessive progressive Selbstverantwortung und -einschätzung üben können (...). Lehrer und auch Lehrer-Studenten sollten daher an der Bewertung ihres Unterrichts mitbeteiligt werden, denn *kommunikative Rückmeldungen* eröffnen den Blick auf andere, zusätzliche Perspektiven realisierten Unterrichts und begünstigen die Selbstreflexion. Die Art der Unterrichtsevaluation trägt daher wesentlich zur Ausformung der „pädagogischen Selbstrolle des Lehrers“ bei (Einsiedler 1978, 104), denn der pädagogische Wert von Beurteilungen jeder Art liegt ja vor allem in der Motivierung künftigen Verhaltens. (...) Autonome Selbstlenkung erfordert jedoch die Internalisierung *gültiger Bezugssysteme*. Gültigkeit wird vor allem durch Intersubjektivität erreicht. Persönlich subjektive Standards bzw. angestrebte Ideale oder subjektives Überzeugungswissen sind besonders über ein *kooperati-*

*ves Beurteilungsmodell* zu verändern, zu verfeinern bzw. zu verbessern. Im Gegensatz zum Modell der Fremdbeurteilung mit asymmetrischer Kommunikation anerkennt das kommunikativ-kooperative Beurteilungsmodell die Eigenverantwortlichkeit des einzelnen Lehrers und vor allem diesen als ebenbürtigen Partner mit gleichrangiger Handlungs- und Evaluierungskompetenz (...). Freilich darf nicht übersehen werden, dass auch kooperative Bewertungsverfahren letztlich eine gemilderte Art der externen Kontrolle und Bewertung darstellen. Da aber die Verantwortung für die einzelnen Aktivitäten und Entscheidungen im Schulleben beim einzelnen Lehrer liegt, erfährt das Arbeiten im Team (z. B.: Team-Teaching, Team-Koordination, kollegiales Planen, kollegiale Hospitation usw.) zunehmend an Bedeutung. Kollegiale Unterrichtsevaluation meint also die gemeinsame, partnerschaftliche und kooperative Planung, Durchführung und Auswertung erziehlicher und unterrichtlicher Belange. Sie kann als Dialog und Diskussion zwischen *Lehrern als Experten und Professionalisten* vergleichbar einem Consilium bezeichnet werden. Sie trägt zur Überwindung der häufigen Isolation des Lehrers bei, fördert die Entwicklung und Verbesserung von Handlungsstrategien und stellt gewissermaßen die Vorstufe zur persönlichen Selbstevaluation dar. *Gespräche über Unterricht*, Schüler, Vorkommnisse, Vorhaben usw. mit Fachleuten, Vorgesetzten, Kollegen, Schülern, Eltern u. a. eröffnen den Weg dazu."

# 10. Unterrichtsbesuch und Nachbesprechung als regulärer Bestandteil schulischer Arbeit

Wie können Unterrichtsbesuch und -nachbesprechung zum regulären Bestandteil schulischer Arbeit gemacht werden?

Hier stellt sich die Frage nach der Institutionalisierung der Unterrichtsnachbesprechung: weg von der punktuell-zufälligen Veranstaltung aus Anlass von Beförderungen, Verbeamtungen etc., hin zum Bestandteil regelmäßiger Evaluation und Reflexion der Qualität schulischer Arbeit.

Dabei ist auch zu überlegen, ob Unterrichtsbesuch und Unterrichtsnachbesprechung ausschließlich der Schulleitung vorbehalten bleiben sollen und damit ein **hierarchisches** Element schulischer Arbeit repräsentieren oder ob es möglich ist, Unterrichtsbesuch und Unterrichtsnachbesprechung auch **kollegial** zu etablieren, was sicherlich die Akzeptanz vergrößern und darüber hinaus den neuen steuerungspolitischen Vorstellungen des Landes entsprechen würde.

Denkbar wäre, Unterrichtsbesuch und Unterrichtsnachbesprechung als Element von schulinterner Entwicklungsarbeit zu institutionalisieren und dabei das Kollegium aktiv einzubeziehen. Hierzu bietet das Mini-Modell ein Verfahren kooperativer und kollegialer Planung, das in schulinternen Arbeitsgruppen unter der Leitung einer Prozessmoderatorin oder eines Prozessmoderators genutzt werden kann. Mit diesem Modell kann nicht nur erarbeitet werden, wie Unterrichtsbesuch und Unterrichtsnachbesprechung **organisatorisch** in die schulischen Abläufe einbezogen werden könnten, sondern auch, welchen **inhaltlichen** Fragestellungen sie zu dienen hätten.

**Wie können Unterrichtsbesuch und Unterrichtsnachbesprechung zum regulären Bestandteil schulischer Arbeit gemacht werden?**

*Allgemeine Erläuterung des Mini-Modells*

Für die Arbeit mit dem Mini-Modell benötigt man Packpapier, Aktionskarten, Klebeband und Filzstifte. Die Moderatorin bzw. der Moderator erklärt: „Bei jedem Projekt/Arbeitsvorhaben lassen sich vier Elemente unterscheiden: *Eingabe, Prozess, Ergebnis* und *Rahmenbedingungen.*“

Die Begriffe werden auf der Packpapier-Bahn notiert.

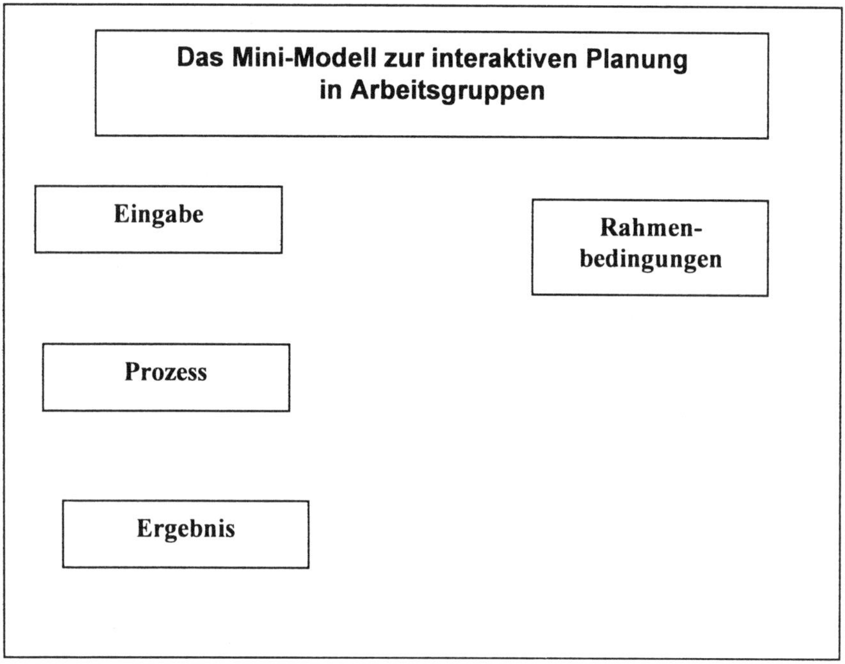


*Abb. 10: Das Planungsinstrument „Mini-Modell“*

Anschließend definiert die moderierende Person für ein bestimmtes Entwicklungsvorhaben, worin hier die Eingabe, der Prozess und das Ergebnis bestehen soll. Die Aussagen werden auf Karten notiert und den entsprechenden Elementen des Mini-Modells zugeordnet.

Die moderierende Person fragt die Arbeitsgruppe: „Denken Sie, dass wir auf diese Weise das Entwicklungsziel realisieren können?“

Da das Projektmodell in diesem Stadium provozierend dürftig angelegt ist, werden die Gruppenmitglieder widersprechen: sie werden Einwände und Ergänzungen vorbringen. Alles wird auf Karten notiert und in das

Modell eingefügt. So entsteht ein zunehmend komplexeres Projektdiagramm. *(Phase der Analyse und Konstruktion)*

Leitfragen für die Moderation, wenn der Planungsprozess nach Meinung der Arbeitsgruppe zu einem ersten Abschluss gekommen ist:

1. Welches Element Ihrer Planung bereitet Ihnen die größten Sorgen?
2. Was kann man tun, um diese Schwachstelle zu beheben?

oder:

1. Was an Ihrer Planung würden Sie ausbauen, wenn Ihnen 20% mehr Ressourcen zur Verfügung stünden?
2. Was an Ihrer Planung würden Sie kürzen, wenn Ihnen 20% weniger Ressourcen zur Verfügung stünden? *(Phase der Reflexion und Revision)*
3. Wie sehen die ersten drei Schritte aus, um Ihre Planung zu realisieren? *(Phase der Planung)*

*Beispiel für die ersten Schritte der Arbeit mit dem Mini-Modell zum Thema:*

**Unterrichtsbesuch und Unterrichtsnachbesprechung als regulärer Bestandteil schulischer Arbeit**

Als Einstieg in die Arbeit mit dem Mini-Modell zum Thema „kollegiale Unterrichtsevaluation“ in einer Planungsgruppe aus Schulleitungs- und Kollegiumsmitgliedern könnte die moderierende Person die Karten *„Konferenzbeschluss: Kollegiale U-Evaluation“, „Durchführung kollegialer U-Evaluation“, „Verbesserte Unterrichtsqualität“* in das vorbereitete Schema einfügen.

Aus der Gruppe wird ihr dann wahrscheinlich entgegengehalten: „So einfach geht das aber nicht. Bevor man Unterrichtsevaluation durchführt, muss man erst einmal klären, was man evaluieren will. Das sollten am besten die Fachkonferenzen entscheiden." Die moderierende Person fügt nun eine neue Karte ein: *„Fachkonferenzen: Was wird evaluiert?"*

Ein anderes Gruppenmitglied könnte einwenden: „Habt Ihr schon mal an die Rahmenbedingungen gedacht? Das erfordert doch alles sehr viel Zeit. Woher sollen wir die denn nehmen? Das Problem liegt doch schon beim Stundenplan, der uns keine Möglichkeiten gibt, miteinander Kontakt aufzunehmen." Jemand hat die Idee: „Dann muss man eben in den Stundenplan entsprechende Zeit-Polster einbauen."

Die moderierende Person fügt eine neue Karte ein: *„Stundenplanung: Zeit für U-Evaluation"*.

Nun könnte jemand einwenden: „Das geht mir alles viel zu schnell. Ich glaube nicht, dass das Kollegium gegenwärtig schon bereit wäre, einen Beschluss zur Durchführung von U-Evaluation zu fassen. Da müsste im Vorfeld noch sehr viel Überzeugungsarbeit über den Sinn eines solchen Projektes stattfinden."

Die moderierende Person notiert: *„Diskussion im Kollegium: Sinn von U-Evaluation?"*. „Alles schön und gut, aber was soll eigentlich passieren, wenn wir solche Unterrichtsbesuche durchgeführt haben. Muss dann nicht irgendwie eine generelle Auswertung stattfinden?" fragt nun ein Mitglied der Gruppe.

Die moderierende Person notiert: *„Auswertung der Unterrichtsbesuche"*. In dieser Form wird die Diskussion in der Planungsgruppe im Sinne des Schemas auf S. 59 fortgesetzt.

Ein wichtiger Vorteil der Arbeit mit dem Mini-Modell besteht darin, dass die planerische Arbeit nicht linear verlaufen muss. Zu jedem Zeitpunkt des Planungsvorganges können unterschiedliche Aspekte thematisiert werden; wenn momentan keine Ideen zum „Prozess" bestehen, kann man eine Weile über die „Rahmenbedingungen" nachdenken, von hier zur „Eingabe" oder zum „Ergebnis" springen. Man kann darauf vertrauen, dass sich im weiteren Fortgang anfängliche Lücken in dem so entstehenden Modell allmählich schließen werden.

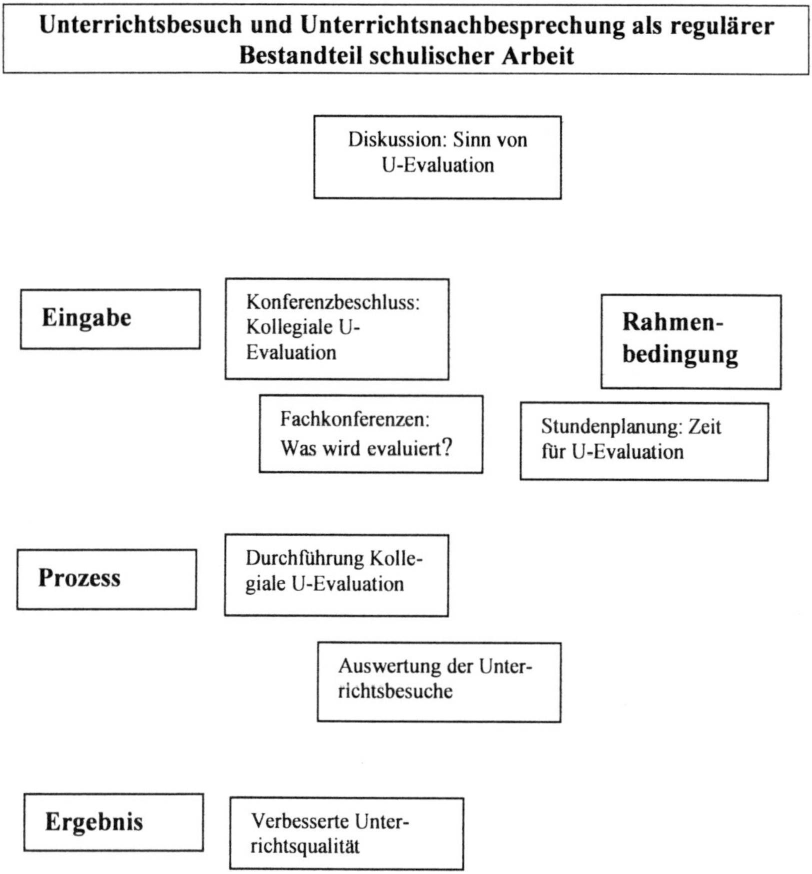


*Abb. 11: Planung mit dem Mini-Modell*

# B Unterricht beurteilen

Die Akzeptanz von Unterrichtsbeurteilungen hängt, gerade angesichts des hohen subjektiven Anteils, von der Akzeptanz der Maßstäbe ab.

## 1. Das Problem der Maßstäbe - Was kennzeichnet guten Unterricht?

Die in den vorangegangenen Kapiteln entfalteten Überlegungen zur Unterrichtsnachbesprechung gewinnen ihre leitende Orientierung aus dem Begriff der Passung zwischen zentraler didaktischer/methodischer Entscheidung und den verschiedenen unterrichtlichen Dimensionen einer Unterrichtsstunde, orientiert sich also an einem *internen* Qualitätskriterium, das aus der Stunde selbst abgeleitet wird. Es hieße jedoch die Diskussion um die Unterrichtsqualität verkürzen, wollte man nicht zur Kenntnis nehmen, dass vielfältige *externe* Kriterien an die je einzelne Unterrichtsstunde zu ihrer Beurteilung herangetragen werden. Im Zusammenhang mit der Beobachtung und Nachbesprechung von Unterricht kommt daher der Frage nach den Kriterien für guten Unterricht ein zentraler Stellenwert zu.

In der einschlägigen Literatur sowie in behördlichen Handreichungen z. B. zur dienstlichen Beurteilung existieren unterschiedliche Kataloge zur Beantwortung dieser Frage (siehe B Kap. 2). Die meisten dieser Kataloge wählen einen bestimmten Ausschnitt aus der Fülle denkbarer Kriterien vor dem Hintergrund eines bestimmten didaktischen Konzeptes aus, ohne dass dieses unbedingt explizit vorgestellt oder den Autoren sogar als ein solches bewusst sein muss.

Bei aller Unterschiedlichkeit und Ausschnitthaftigkeit wirken die meisten solcher Kriterienkataloge auf den Leser durchweg plausibel, so dass man sich die Frage stellen muss, was dem einen Katalog gegenüber den denkbaren anderen den Vorzug geben lässt. Auch zeigt die Erfahrung, dass bei ausreichender Zeit die meisten Personen, die sich professionell mit Unterricht beschäftigen, zu einer vergleichbaren Aufzählung von Qualitätskriterien gelangen werden. Das Problem der Vergleichbarkeit der Maßstäbe scheint also nicht so sehr darin zu bestehen, **welche Maßstäbe überhaupt** zur Beurteilung von Unterricht herangezogen werden, sondern **wie**

**die einzelnen Kriterien im Gesamt der denkbaren Maßstäbe gewichtet werden.** Hier gibt es individuell deutliche Unterschiede, die mit den persönlichen Wertvorstellungen und Lernbiografien der beteiligten Personen zusammenhängen.

An diesem Punkt setzt die Zielklärungsübung „**Was kennzeichnet guten Unterricht?**" an. Sie bietet eine erste und vergleichsweise einfache Möglichkeit, innerhalb einer Gruppe zu einer Vereinbarung über die von ihren Mitgliedern akzeptierten Kriterien zu gelangen. (An späterer Stelle wird auf dieses Problem erneut und in komplexerer Fragestellung einzugehen sein, denn „Kriterien alleine reichen nicht".)

Die Gruppenmitglieder, die sich mit der hier vorgestellten Zielklärungsübung über einen Kriteriensatz für guten Unterricht verständigen wollen, werden in eine Situation gebracht, aus einer Liste vorgegebener Statements diejenigen auszuwählen, die am ehesten ihren je persönlichen Vorstellungen entsprechen. Der Katalog der vorgegebenen Statements ist so angelegt, dass jedes von ihnen prinzipiell zustimmungsfähig ist.

Gleichwohl ist es möglich, durch die Zusammenstellung unterschiedlicher Kriteriensätze aus diesem Katalog unterschiedliche Bilder von Unterricht zu gewinnen, so etwa ein Mehr an sozialen und kommunikativen Prozessen orientiertes Verständnis von Unterricht im Vergleich zu einer vornehmlich der Vermittlung von Wissensbeständen verpflichteten Auffassung oder Mischformen aus beiden, ohne dass hier einem der denkbaren Bilder der Vorzug eingeräumt werden sollte.

In der Übung werden die individuellen lern- und berufsbiografisch bedingten Vorstellungen der Gruppenmitglieder von gutem Unterricht zu Tage gefördert und im Hinblick auf einen möglichen Konsens miteinander verhandelt.

Dass im Rahmen dieser Zielklärungsübung von jeder beteiligten Person nur 5 Merkmale ausgewählt werden sollen, hat einen praktischen Grund. Zahlreiche Befragungen von Leitungspersonen aus Schule und Studienseminar belegen, dass diesen zwar eine Vielzahl von denkbaren Kriterien für die Beurteilung von Unterricht vorstellbar ist, dass sie sich aber bei ihrer persönlichen Urteilsbildung selten auf mehr als fünf unterschiedliche Kriterien beziehen: In diesen findet ihr persönliches Werteprofil seinen Ausdruck. Dadurch, dass an der Übung etwa sieben Personen teilnehmen, stehen dann schon maximal 35 unterschiedliche Kriterien zur Diskussion, innerhalb derer es Schwerpunkte zu setzen gilt.

Die Gewinnung solcher Schwerpunkte kann nicht hierarchisch und normativ vorweg entschieden werden, sondern muss in einem möglichst weitgehenden Konsens von den beteiligten Personen untereinander ausgehandelt werden. Nur dann ist eine Wahrscheinlichkeit dafür gegeben, dass sich die beteiligten Personen in ihrem Handeln nach diesen Kriterien richten werden.

Dabei muss den Teilnehmerinnen und Teilnehmern bewusst sein, dass der von ihnen erzielte Konsens nun nicht einfach mit einem **generellen** Geltungsanspruch ausgestattet und für die Arbeit anderer Lehrpersonen als gültig dekretiert werden kann, sondern seine Geltung ist immer abhängig von der Mitwirkung der Personen, die sich an ihm orientieren sollen/wollen.

Der in einer **bestimmten Gruppe** gewonnene Konsens kann nicht einfach inhaltlich auf **jede andere beliebige Gruppe** übertragen oder von dieser übernommen werden, sondern er muss jeweils neu hergestellt und erarbeitet werden.

## Zielklärungsübung: Was kennzeichnet guten Unterricht

**Die Übung wird in Gruppen von nicht mehr als sieben Personen durchgeführt. Jedes Gruppenmitglied erhält einen Satz der beigefügten Karten, auf denen jeweils ein mögliches Merkmal von gutem Unterricht benannt wird.**

**Jedes Gruppenmitglied hat 15 bis 20 Minuten Zeit, um in Einzelarbeit die 5 Karten auszuwählen und herauszuschneiden, die zusammen am ehesten sein Wunschbild von gutem Unterricht beschreiben.**
**Wenn alle Mitglieder einer Gruppe diesen Arbeitsschritt beendet haben, werden die Karten für alle lesbar in die Mitte des Tisches gelegt. Nun beginnt die Diskussion in der Gruppe:**

**a) Die Aussagen mancher Karten stehen einander inhaltlich sehr nahe. Durch Diskussion in der Gruppe sollten die Karten in einem ersten Schritt nach inhaltlicher Nähe geordnet bzw. gruppiert werden.**
**b) Man kann auch übereinkommen, einzelne Karten, über die kein Konsens besteht, nicht weiter zu benutzen, also auszusortieren.**
**c) Dann sollte versucht werden, daraus ein "Merkmale-Bild" bzw. "Merkmale-Profil" zu gestalten, etwa so:**

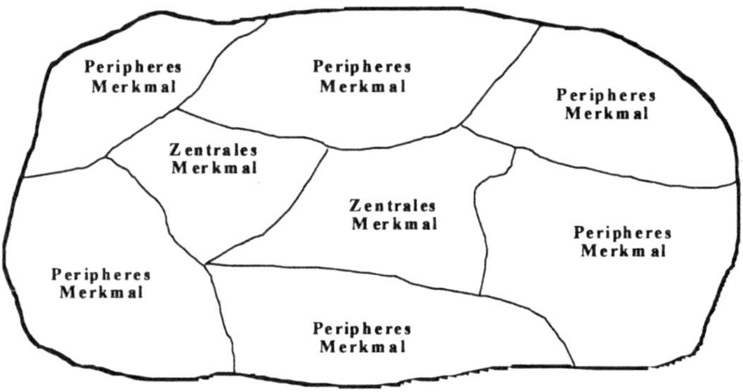


**Die Frage, ob es sich bei den einzelnen Merkmalen um ein zentrales oder peripheres Merkmal handelt, wird von der Gruppe gemeinsam entschieden.**

**d) Schließlich sollte das gemeinsam entwickelte Merkmale-Profil für die gegenseitige Vorstellung im Plenum auf ein großes Blatt geklebt werden. Graphische Ausschmückungen als zusätzliche Verdeutlichung sind willkommen.**

## Was kennzeichnet guten Unterricht?

| | | |
|---|---|---|
| 1. Die Mitwirkung der Schülerinnen und Schüler bei der Planung | 2. Ein abwechslungsreicher Medieneinsatz | 3. Die Vermittlung fachmethodischer Kompetenzen |
| 4. Eine Planung in größeren Zusammenhängen | 5. Eine regelmäßige und sorgfältige Auswertung der Hausaufgaben | 6. Die Berücksichtigung auch fachübergreifender Fragestellungen |
| 7. Vielfältige Übungsmöglichkeiten | 8. Die Verbindung von fachlichem mit sozialem Lernen | 9. Ein von Interesse und Engagement geprägtes Arbeitsklima |
| 10. Die Berücksichtigung unterschiedlicher Leistungsstände der Schülerinnen und Schüler | 11. Eine methodisch variantenreiche Arbeit | 12. Die Transparenz der Beurteilungskriterien |
| 13. Ein lernpsychologisch plausibler Stundenaufbau | 14. Freiräume für Kreativität der Schülerinnen und Schüler | 15. Freude der Schülerinnen und Schüler am Entdecken neuer Zusammenhänge |
| 16. Überraschungen für Schülerinnen, Schüler und Lehrperson | 17. Das Engagement für die Sache | 18. Aktives Lernen |
| 19. Die Förderung entdeckenden Lernens | 20. Die Relevanz des Unterrichtsgegenstandes für die Schülerinnen und Schüler | 21. Die Transparenz der Ziele und Verfahren |

**Was kennzeichnet guten Unterricht?**

| | | |
|---|---|---|
| 22. Die fachwissenschaftliche Stimmigkeit | 23. Ein klarer Organisationsrahmen | 24. Anwendungsorientierung |
| 25. Fachmethodisch exaktes Arbeiten | 26. Freude und Spaß der Schülerinnen und Schüler an der Arbeit | 27. Für die Schülerinnen und Schüler erreichbare und erlebbare Lernfortschritte |
| 28. Das Unterrichtsgespräch als Dialog | 29. Die Berücksichtigung von Interessen der Schülerinnen und Schüler | 30. Die Überführung objektiver Bedeutung von Gegenständen in subjektive Betroffenheit der Schülerinnen und Schüler |
| 31. Die Vermeidung von Langeweile | 32. Das Wecken von Neugier | 33. Die Ermutigung zum Widerspruch |
| 34. Die Erzeugung kognitiver Unsicherheit | 35. Die Reflexion des Unterrichts auf der Meta-Ebene | 36. Ein anspruchsvolles fachliches Niveau |
| 37. Die Entwicklung von Verstehensansätzen aus dem Horizont der Schülerinnen und Schüler | 38. Die Thematisierung von im Unterricht auftretenden Konflikten | 39. Fehler werden als Lerngelegenheiten genutzt |

## Was kennzeichnet guten Unterricht?

| | | |
|---|---|---|
| 40. Die Offenheit in der Sache | 41. Die Orientierung am Curriculum | 42. Eine deutliche Schwerpunktsetzung |
| 43. Die Möglichkeit zu mehrkanaligem Aufnehmen | 44. Ein funktionaler Einsatz unterschiedlicher Arbeits- und Sozialformen | 45. Die Sicherung von Lernergebnissen |
| 46. Eine möglichst große Zurückhaltung der Lehrperson | 47. Eine sorgfältige Vorbereitung durch die Lehrperson | 48. Eine flexible Unterrichtsführung |
| 49. Freundlichkeit und Hilfsbereitschaft der Lehrperson | 50. Die Berücksichtigung von Sicherheitsbestimmungen | 51. Ein wissenschaftspropädeutisches Arbeiten |
| 52. Sinnbezug für die Schülerinnen und Schüler | 53. Eine kontinuierliche Mitarbeit der Schülerinnen und Schüler | 54. Eine gerechte Beurteilung von Schülerleistungen |
| 55. Ein innovatives Potential | 56. Vielgestaltige Möglichkeiten für Schülerbeteiligung | 57. Ein reflektierter Umgang mit eingeführten Lehr- und Lernmitteln |
| 58. Eine grundsätzliche Orientierung am Schulprogramm | 59. Eine Offenheit für Kritik | 60. Ein stufengemäßes Anforderungsniveau |

## Was kennzeichnet guten Unterricht?

| | | |
|---|---|---|
| 61. Die Förderung sprachlicher Kompetenz der Schülerinnen und Schüler | 62. Die Berücksichtigung außerschulischer Lernmöglichkeiten | 63. Die Individualisierung des Lern- und Arbeitsprozesses |
| 64. Die Förderung von Selbstverantwortlichkeit | 65. Der Lerngegenstand als Produkt gemeinsamer Anstrengungen | 66. Eine hohe Interaktionsdichte innerhalb der Lerngruppe |
| 67. Ein breites Anregungspotential für die Schülerinnen und Schüler | 68. Die Berücksichtigung aktueller Themen | 69. Die Rücksichtnahme auf die jeweilige Leistungsfähigkeit der Schülerinnen und Schüler (vorangegangene Belastungen etc.) |
| 70. Die Thematisierung von Lernschwierigkeiten | 71. Unterschiedliche Zugangsmöglichkeiten zum Lerngegenstand eröffnen | 72. Das Interesse für den Lerngegenstand wecken |
| 73. Die Eröffnung von Lernchancen auch für Außenseiter | 74. Die Schülerinnen und Schüler werden zur Selbstkorrektur befähigt | 75. Die bewusste Orientierung an pädagogischen Leitideen |
| 76. Die möglichst selbstständige Erarbeitung des Lösungsweges durch die Schülerinnen und Schüler steht im Mittelpunkt | 77. Die fachsprachliche Genauigkeit | 78. Regelmäßige Lernerfolgskontrollen |

### Weitere Merkmale

| | | |
|---|---|---|
| | | |

## 2. Kriterienkataloge zur Beurteilung von Unterricht:

## Die Kriterienkataloge relativieren

(Becker 1993, S. 169 ff.)

„Für die Auswertung und Beurteilung des Unterrichts gibt es so viele Kriterienkataloge wie Lehrerausbildungs-Institutionen. Allein für den Süddeutschen Raum sollen nach Schwark (1979, S. 61) etwa 50 solcher Kataloge existieren. Und wer sich im Ausland über die schulpraktische Ausbildung informiert, der bekommt auch an jedem Ort einen anderen Kriterienkatalog präsentiert. Häufig lassen sich innerhalb einer Institution auch mehrere Kataloge auftreiben, die von den Vertretern verschiedener Schularten, Schulstufen oder Fachvertretern erstellt worden sind. Mitunter entbrennt ein Kampf um die Frage, welcher Katalog der beste sei.

Kriterienkataloge für die Beurteilung von Unterricht beinhalten eine begrenzte Zahl von Merkmalen oder Merkmalsdimensionen, mit deren Hilfe ein qualifizierter von einem unqualifizierten Unterricht unterschieden werden soll. Die Kataloge beziehen sich meist auf die Planung und Durchführung des Unterrichts, seltener auch auf die Auswertung. Kataloge dieser Art werden in allen Bereichen der Lehrerausbildung eingesetzt, in den Praktika, im Referendariat und bei Veranstaltungen der Lehrerfort- und -weiterbildung. Die Verfasser sind bemüht, jene Kriterien, die sie für bedeutsam erachten, möglichst übersichtlich darzustellen, um so die Handhabung des Katalogs zu erleichtern. Die einzelnen Kriterien werden meist mit einer Skalierung versehen, diese wiederum mit Polen wie „begründet - unbegründet", „richtig - falsch" oder „berücksichtigt - unberücksichtigt". Solche Skalierungen sollen die qualitative und quantitative Erfassung der Lehrleistungen sowie die Auswertung ermöglichen. Werden die einzelnen Kriterien ausführlich erläutert, gerät ein solcher Katalog sehr bald zu einem umfangreichen Elaborat. Werden die Kriterien ohne Zusatzinformationen bereitgestellt, ist der Aussagegehalt gering. Um dem Leser einen Eindruck bezüglich dieser Kataloge zu vermitteln, seien die Kriterien des „Stanford-Bewertungsbogens zur Erfassung der Lehrfähigkeit", die Kriterien von Füglister/Messner (1976) und von Metz (1983) wiedergegeben.

**Olivero und Brunner (1979)** haben den „Stanford-Bewertungsbogen zur Erfassung der Lehrfähigkeit“ veröffentlicht. Dieser Kriterienkatalog bezieht sich auf 5 Bereiche mit insgesamt 17 Kriterien, die kurz umschrieben werden sollen: Jedem Kriterium ist eine 8-Punkte-Skala zugeordnet, von 0 = nicht beobachtbar bis 7 = hervorragend:

**Bereich 1:** *Ziele*; Kriterium 1: Eindeutigkeit der Ziele; 2: Angemessenheit der Ziele.

**Bereich 2:** *Planung*; Kriterium 3: Aufbau der Stunde; 4: Auswahl des Lerninhaltes; 5: Auswahl der Lehrmittel.

**Bereich 3:** *Ausführung*; Kriterium 6: Stundenbeginn; 7: Übersichtlichkeit der Darbietung; 8: Tempowahl im Unterricht; 9: Mitarbeit und Aufmerksamkeit der Schüler; 10: Abschluss der Stunde; 11: Beziehung zwischen Lehrer und Schüler.

**Bereich 4:** *Bewertung*; Kriterium 12: Vielfalt der Bewertungstechniken; 13: Einsatz der Bewertung zur Verbesserung des Lehrens und Lernens.

**Bereich 5:** *Gemeinde und Beruf*; Kriterium 14: Interesse zeigen für Berufsanforderungen und für die Zunahme der Effektivität; 15: Wirkungsvolle Beziehungen innerhalb des Lehrkörpers; 16: Interesse für das gesamte Schulprogramm; 17: Konstruktive Teilnahme an Gemeinschaftsaufgaben.

Während sich die Bereiche 1 bis 4 auf die Planung, Durchführung und Auswertung des Unterrichts beziehen, weist der Bereich 5 auf den außerunterrichtlichen Bereich hin und auf konstruktive Variablen der Person des Lehrers, wie z. B. aktive Teilnahme und Engagement.

Metz (1983) bezieht sich in seiner empirischen Untersuchung zur Unterrichtsbeurteilung auf einen Kriterienkatalog, den **Füglister und Messner (1975 und 1976)** erstellt haben. Auch sie unterscheiden 5 Bereiche mit insgesamt 23 Kriterien. Jedes Kriterium wird durch eine 7-Punkte-Skala spezifiziert, die sich von -3 über 0 nach +3 erstreckt, und deren Pole in der schon erwähnten Form umschrieben werden, wie z. B. „liegt völlig daneben - steht im Einklang“, „belanglos - bedeutsam“, „einfallslos - ideenreich und anregend“ oder „völlig ungenügend - sorgfältig durchdacht“.

**Bereich 1**: *Zielsetzung und Inhalt des Unterrichts.* Kriterium 1.1 Unterrichtsziel und Auftrag; 1.2 Bedeutsamkeit des Lehrinhalts; 1.3 Anordnung der Lernschritte; 1.4 Sachliche Richtigkeit des Lehrinhalts.

**Bereich 2**: *Psychologisch-didaktisches Vorgehen.* Kriterium 2.1 Motivierung der Klasse und Erhaltung der Motivation; 2.2 Anpassung an die Lernvoraussetzungen und Lernmöglichkeiten der Schüler; 2.3 Zielorientierung der Lehr- und Lernaktivitäten; 2.4 Förderung der Selbsttätigkeit; 2.5 Wirksamkeit der Veranschaulichung; 2.6 Lebendigkeit der Unterrichtsgestaltung; 2.7 Art und Ausmaß der Konsolidierung des Gelernten.

**Bereich 3**: *Organisation des Unterrichts.* Kriterium 3.1 Vorbereitung des Unterrichts; 3.2 Angemessenheit der sozialen Organisation, 3.3 Flüssigkeit des Unterrichtsverlaufs.

**Bereich 4**: *Soziale Interaktion in der Klasse (Klassenklima)*, Kriterium 4.1 Lehrer-Schüler-Verhältnis,; 4.2 Unterrichtsstil; 4.3 Art der Rückmeldung.

**Bereich 5**: *Persönlichkeitsmerkmale und berufsbezogene Haltungen des Lehrers.* Kriterium 5.1 Ausdrucksweise und Artikulation; 5.2 Anpassungsfähigkeit; 5.3 Engagement; 5.4 Führungsqualitäten; 5.5 Lehrerpersönlichkeit; 5.6 Fähigkeit zur Selbstkritik.

Füglister und Messner stützen sich auf die „Grundformen des Lehrens“ (Aebli 1991; 1983) und beabsichtigen eine Verknüpfung der Studien- und Ausbildungsinhalte der Lehrerbildung mit dem von ihnen entwickelten Kriterienkatalog.

**Metz (1983)**, der seinen Untersuchungen die „Kriterienliste zur Unterrichtsbeurteilung“ von Füglister und Messner zugrunde legt, glaubt, einen weiteren Kriterienkatalog vorlegen zu können, der sich auf empirische Forschungsergebnisse stützt. Dieser Katalog gliedert sich in 5 Bereiche mit insgesamt 24 nachgeordneten Kriterien: Bereich (1) *Klarheit;* (2) *Variabilität und Flexibilität;* (3) *Engagement und Begeisterung;* (4) *Aufgabenorientierung und Sachlichkeit*; (5) *Wertschätzung der Schüler.*

Alle Kataloge beinhalten bedeutsame Variablen für die Beobachtung, Analyse und Beurteilung des Unterrichts; doch sind die Kriterien oft recht verschieden, wie ein Vergleich zeigt. Sie spiegeln den Stand der erziehungswissenschaftlichen Diskussion und die besonderen Anliegen der Verfasser wider. Wie lässt sich die Entstehung der zahlreichen Kriterienkataloge erklären? - Die Vertreter einer Lehrerausbildungs-Institution, deren Aufgabe es ist, den Unterricht von Praktikanten oder Referendaren zu beurteilen, stehen unter einem starken Begründungsdruck. Es wird von ihnen erwartet, die Lehrleistungen möglichst valide, objektiv und reliabel einzuschätzen und zu beurteilen. Also versuchen sie, diesem gerechtfertigt erscheinenden Anliegen zu entsprechen, indem sie einen Katalog entwickeln, der ihrer Meinung nach die bedeutsamen Kriterien für die Beurteilung enthält. Nun geschieht dies auf der Basis implizit vorhandener Persönlichkeitstheorien (IPT) und implizit vorhandener Unterrichtstheorien (IUT) (Metz 1983, S. 7). Jeder Lehrer, Seminarleiter oder Dozent entwickelt im Laufe seiner beruflichen Tätigkeit spezifische Vorstellungen darüber, wie ein Lehrer sein sollte und wie ein optimaler Unterricht aussehen könnte. Diese Vorstellungen, die je nach den gemachten Vorerfahrungen, dem Tätigkeitsfeld und dem Theoriebewusstsein differieren, werden nun in jenem Personenkreis zur Diskussion gestellt, der sich mit der Entwicklung eines Kriterienkatalogs befasst. Die Persönlichkeits- und Unterrichtstheorien werden offengelegt und aufeinander abgestimmt, was von den Beteiligten viel Zeit und Kraft erfordert. Jener Personenkreis, der an der Entwicklung des Katalogs unmittelbar beteiligt war, ist schließlich von dessen Wert überzeugt. Andere Personen, die aufgefordert werden, mit diesem Katalog zu arbeiten, haben beim Einsatz erhebliche Schwierigkeiten, weil es ihnen nicht vergönnt war, ihre Vorstellungen einzubringen.

Die zentralen Anliegen, die zur Entwicklung und zum Einsatz solcher Kriterienkataloge führen, sollen noch näher erläutert werden:

Kriterienkataloge beinhalten den Versuch, möglichst valide Beurteilungsmerkmale zu bieten. Die Verfasser der Kataloge nehmen für sich in Anspruch, solche Kriterien gefunden zu haben, auch wenn in anderen Katalogen oft ganz andere Kriterien auftauchen.

Weiterhin möchten sie über einen solchen Katalog die Objektivität der Beurteilung erhöhen, indem alle Beurteiler einer Institution mit denselben Kriterien arbeiten und diese zur Beurteilung heranziehen.

Angestrebt wird somit auch eine erhöhte Reliabilität der Beurteilungen, indem dieser Katalog zeitlich unabhängig immer wieder zum Einsatz kommen soll.

Und schließlich wird versucht, die Beurteilung möglichst praktikabel und ökonomisch zu gestalten und Beurteiler und Beurteilte mittels der Kataloge perfekt zu verwalten.

Die allgemeinen Angaben - Schule, Klasse, Mentor, Fach, Kandidat, Zeit, Ort, Thema etc. - lassen sich schnell in einen Vordruck, der Bestandteil des Katalogs ist, eintragen und die Beurteilung lässt sich scheinbar mühelos vollziehen. In dieser hohen Praktikabilität liegt jedoch auch eine große Gefahr der Kriterienkataloge. Der Beurteiler sucht sich jene Zeile oder Spalte aus, die ihm genehm erscheint, und vollzieht die Evaluation in wenigen Sekunden aufgrund eines flüchtigen Gesamteindruckes.

Zwei weitere Anliegen sollen erwähnt werden, das der Transparenz und das der Absicherung. Jeder angehende Lehrer möchte gerne wissen, welchen Beurteilungskriterien er unterliegt, damit er sein Handeln möglichst auf den Geschmack des Beurteilers abstimmen kann. (...) Kriterienkataloge können die Subjektivität der Beurteilung aufgrund impliziter Persönlichkeits- und Unterrichtstheorien der Beurteiler etwas einschränken, sie jedoch keineswegs ausschalten. In der Weise, in der die Kandidaten Transparenz fordern, sind die Beurteiler um Absicherung bemüht. Über die Kriterien des Katalogs lassen sich noch so fragwürdige Urteile rechtfertigen, hat sich doch schließlich der Beurteiler nach jenen Kriterien gerichtet, die auch die Kollegen zur Beurteilung heranziehen, die allen bekannt und die schon immer bemüht worden sind. Auf den ersten Blick wird so eine Beurteilung unangreifbar. Da hat es keinen Sinn, Berufung einzulegen oder in die Revision zu gehen.

Warum aber sind diese Kriterienkataloge so umstritten und warum bezeichnet sie z. B. Schwark (1979, S. 61) als *„kurzfristig handhabbare Trivialschemata"*? Der Anspruch, allgemein gültige Kriterien für die Unterrichtsbeurteilung bereitzustellen, lässt sich mit Hilfe eines Katalogs nicht aufrechterhalten. Diesem Bemühen steht die Tatsache der „Mannigfaltigkeit" entgegen, in der sich unterrichtliche Prozesse zeigen. Ein interkultureller Vergleich, ein Vergleich des Unterrichts verschiedener Schulstufen, in verschiedenen Schulen, Schularten, Fächern und ein Vergleich verschiedener Unterrichtskonzeptionen macht deutlich, dass diese sehr unterschiedlichen Prozesse nicht sinnvoll mit denselben Kriterien beurteilt werden können.

# 3. Unterricht beurteilen: Kriterien alleine reichen nicht

Im Zusammenhang mit der Aufgabe, Unterricht beurteilen zu müssen, soll vertiefend das Problem angesprochen werden, das bereits in einem ersten Zugriff mit der „Zielklärungsübung: Was kennzeichnet guten Unterricht?“ bearbeitet worden ist.

Eine Grunderfahrung in der beruflichen Biografie vieler Lehrerinnen und Lehrer ist die Tatsache, dass verschiedene Beobachter selten in ihrem Urteil über Unterricht übereinstimmen. Die Ursache hierfür sind die unterschiedlichen Bilder von Unterricht, die, in der Regel unbewusst, mit ihrer normativen Kraft die Urteilsbildung beeinflussen. Vergleichbarkeit der Beurteilung verlangt daher, die impliziten Bilder der beteiligten Personen explizit zu machen und sich über ihre Gemeinsamkeiten zu verständigen. Auf dieser Grundlage kann dann ein Katalog akzeptierter Kriterien und Indikatoren vereinbart werden.

## 3.1 Die Vergleichbarkeit von Unterrichtsbeurteilungen als Problem

Unterricht ist fortdauernder Beobachtung und Beurteilung ausgesetzt: Alltäglich und direkt durch Schülerinnen und Schüler, damit indirekt auch durch deren Eltern, aus besonderen Anlässen durch Schulleitungs- und Schulaufsichtspersonen, vergleichsweise selten durch Kolleginnen und Kollegen. Eine Grunderfahrung in der beruflichen Biografie vieler Lehrerinnen und Lehrer ist die Tatsache, dass verschiedene Beobachter selten in ihrem Urteil über Unterricht übereinstimmen, wenn sie sich dabei nicht auf eine lange und vor allem gemeinsame Praxis stützen können. Dieser Befund stellt für förmliche Beobachtungs- und Beurteilungssituationen eine besondere Herausforderung dar, weil hier die Vergleichbarkeit der Beurteilungen über deren qualitätssichernde Funktion hinaus auch juristisch belangvoll ist. Schulaufsichten greifen daher in der Beurteilungssituation auf vorgegebene Kriterienkataloge zurück, die bei allen anstehenden Beurteilungsprozessen gleichermaßen angelegt werden.

Hiermit ist das Problem mangelnder Vergleichbarkeit von Unterrichtsbeurteilungen jedoch keineswegs behoben. Dies sei an zwei Beobachtungen demonstriert:

- Wenn verschiedene Beurteiler bei Zugrundelegung des gleichen Kriterienkataloges eine Unterrichtsstunde beobachten, können sie zu durchaus unterschiedlichen Urteilen gelangen.
- Wenn man berufserfahrene Lehrkräfte auffordert, Kriterien für guten Unterricht zusammenzustellen, werden unterschiedliche Gruppen, wenn man ihnen nur genügend Zeit einräumt, zu vergleichbaren Ergebnissen gelangen, auch wenn ihre Unterrichtspraxis individuell höchst unterschiedlich aussehen mag.

Wir müssen uns die Frage stellen: Wie ist es nur zu erklären, dass Personen, die sich an übereinstimmenden Kriterienkatalogen orientieren, zu unterschiedlichen Urteilen gelangen können, und dass Personen, deren unterrichtliche Praxis sich möglicherweise erheblich unterscheidet, dennoch relativ ähnlichen Kriterienkatalogen zustimmen können?

Die Antwort lautet: Es muss etwas geben, das in der individuellen Praxis von Lehrpersonen den Kriterien *vorangeht*, deren aktuelle Auswahl und Gewichtung bestimmt und damit das unterrichtliche Handeln der Lehrpersonen beeinflusst. Meine Arbeitshypothese lautet: Dieses „Etwas" sind die *Bilder* von Unterricht.

Die meisten Lehrpersonen haben ein bestimmtes Bild von Unterricht, auch wenn sie sich dessen nicht unbedingt bewusst sind. Für das unterrichtliche Handeln spielen diese individuellen Bilder eine wichtige Rolle, weil sich an ihnen die Aufbereitung des Unterrichtsgegenstandes, die Wahl der Methoden, die Art der Kommunikation mit den Schülern, die Organisation der Arbeitsabläufe, kurzum die spezifische Form der Inszenierung von Unterricht orientiert. Hilbert Meyer (Meyer 1988, S. 81 f.) weist auf solche unterschiedlichen Inszenierungsmuster für Unterricht hin.

Bilder von Unterricht, die das jeweilige Inszenierungsmuster beeinflussen, sind u.a. in der Lernbiografie von Lehrerinnen und Lehrern begründet, aber auch die meisten anderen Menschen besitzen ein derartiges Bild, das oftmals aus der eigenen Schulzeit herrührt und die Erwartungen an Unterricht prägt. Dabei können sich Bilder als Bestätigung selbst erfahrenen Unterrichts oder auch als Gegenbilder hierzu konstituieren. In beiden Fällen besitzen sie große normative Kraft: sie regulieren, welche denkbaren Kriterien für guten Unterricht für die einzelne Lehrperson in ihrem praktischen Handeln besonders belangreich sind, sie regeln die Gewichtung von Kriterien innerhalb eines prinzipiell akzeptierten Katalogs. Obwohl also verschiedene Lehrpersonen so ziemlich dem *gleichen Kriterienkatalog theoretisch* zustimmen, werden sie ihre *unterrichtliche Praxis an unterschiedlichen Segmenten* orientieren.

Um für Vergleichbarkeit bei der Beurteilung von Unterricht zu sorgen, stellt sich daher die Aufgabe, die in einer Gruppe von Lehrpersonen existierenden impliziten Bilder von Unterricht explizit zu machen, um sie dadurch einer Bearbeitung und gegebenenfalls auch einer Veränderung zugänglich zu machen. Erst wenn innerhalb einer Gruppe von Lehrpersonen die eigenen Bilder von Unterricht vorgestellt und erläutert worden sind, kann man ein gemeinsames Verständnis entwickeln, das sich nicht nur auf den gleichen Kriteriensatz für guten Unterricht bezieht, sondern darüber hinaus die Kriterien in ihrem Stellenwert und in ihrem inneren Zusammenhang verdeutlicht. In einem folgenden Schritt kann dann geklärt werden, welche Indikatoren für vereinbarte Kriterien gelten sollen.

Der Weg zur Vergleichbarkeit von Unterrichtsbeurteilungen führt somit über drei Stationen:

- Sich auf ein *gemeinsames Bild* von Unterricht verständigen.
- Das gemeinsame Bild zu einem *Kriterienkatalog* ausdifferenzieren.
- *Indikatoren* für die vereinbarten Kriterien benennen.

## 3.2 Sich über individuelle Bilder von Unterricht austauschen und auf ein gemeinsames Bild verständigen

Ein Verfahren, um die impliziten Bilder von Unterricht zu Tage zu fördern, ist die **Metaphernübung: Unterricht sollte sein wie ...**

*Intentionen der Metaphernübung:*

Die eigenen alltagstheoretischen Vorstellungen von Unterricht explizit machen, auf die Verschiedenheit der Vorstellungen von Unterricht aufmerksam werden, die Implikationen der Bilder von Unterricht im Hinblick auf die Unterrichtsgestaltung erkennen, auf die Revisionsbedürftigkeit der eigenen Bilder von Unterricht aufmerksam werden, die eigenen Bilder von Unterricht mit einem „offiziellen" Bild von Unterricht abgleichen.

Die Arbeit orientiert sich an folgenden Aufgaben:

**1. Metaphern formulieren: Unterricht sollte sein wie...**

1.1 Suchen Sie bitte 3 Metaphern oder Vergleiche, in denen sich nach Ihrer Meinung am besten ausdrücken lässt, wie Unterricht sein sollte:

z. B. wie ein Ausflug in unbekannte Regionen, z. B. wie...

Notieren Sie bitte jede der Metaphern auf einer Karte.

(Einzelarbeit)

1.2 Tauschen Sie sich mit einer Partnerin / einem Partner über Ihre Metaphern und Vergleiche aus:

a) Was entdecke ich in den Metaphern / Vergleichen der / des anderen über den Unterricht?

b) Was ist mir an meinen Metaphern / Vergleichen über den Unterricht wichtig gewesen?

c) Liegen Ihre Metaphern / Vergleiche nahe beieinander oder betonen sie eher unterschiedliche Aspekte? (Partnerarbeit)

1.3 Veröffentlichen Sie Ihre Metaphern / Vergleiche durch Aushängen der Karten im Plenum, sortieren Sie die Karten nach Ähnlichkeit der Vorstellungen von Unterricht.

(Plenum)

**2. Metaphern analysieren: Konsequenzen der Bilder vom Unterricht**

Untersuchen Sie die Bilder / einzelne der Bilder im Hinblick auf ihre Konsequenzen für:

a) die Rolle der Schülerinnen / der Schüler,

b) die Rolle der Lehrerin / des Lehrers,

c) das Verständnis von Lernen,

d) den Umgang mit Fehlern,

e) die Art der Kommunikation,

f) den Umgang mit Konflikten. (Partnerarbeit / Plenum)

**Unterricht sollte sein wie ...**

- das Besteigen eines Berges, allerdings mit Sicherungsseil
- ein Orchester
- ein Spiel mit veränderbaren Regeln, an die sich alle halten
- wie ein Baukasten aus dem sich viele sinnvolle Dinge bauen lassen
- eine Schifffahrt mit Kapitän und Matrosen
- ein Hirtenhund
- ein Fußballspiel
- ein sich langsam bildendes Netzwerk
- Chorgesang
- ein Menü mit mehreren Gängen
- eine Bühne
- ein Zirkus
- eine Autobahn
- ein guter Eintopf
- Jonglieren mit verschiedenen Gegenständen
- ein Baum: weit verzweigt, doch zusammengehörend
- eine Reise in fremde Länder
- eine gemeinsame Entdeckungsreise
- eine gut eingespielte Rudermannschaft
- ein Kaleidoskop
- ein Jahrmarkt
- eine prägnante Gebrauchsanweisung in einem komplizierten Spiel
- ein Abenteuerurlaub
- eine Spirale
- einen Garten pflegen
- ein Haus, an dem gemeinsam gebaut wird
- einen Schatz finden
- ein großes Puzzle
- ein Quiz
- Zauberei
- wie eine Reise, bei der man auf verschiedenen Wegen ins Ziel kommen kann
- ein Spiel, bei dem sich alle an die Regeln halten
- ein Spiel mit Grenzen
- eine Wanderung mit klarem Ziel auf gut sichtbaren Wegen, die noch unbekannt sind
- ein Fluss von der Quelle bis zur Mündung
- wie das Aufziehen junger Pflanzen
- eine Straße, die man oft in die Landschaft hinaus verlässt
- eine Jazzband

*Abb. 12: Metaphernübung - Metaphern unsortiert*

Eine Gruppe von fünfzehn Lehrerinnen und Lehrern hat die in der Abbildung abgedruckten Metaphern formuliert. Nicht jedes Mitglied der Gruppe hat sich an die Vorgabe gehalten, genau drei Metaphern oder Vergleiche aufzuschreiben. Das ist aber auch nicht erforderlich. Jeder soll mehrere Metaphern ins Spiel bringen können, weil möglicherweise seine Vorstellung vom Unterricht, wie er sein sollte, sich nicht allein in *einer* Metapher zum Ausdruck bringen lässt. Vor diesem Hintergrund ist es natürlich akzeptabel, wenn jemand weniger Metaphern oder Vergleiche einbringt.

Sind die Metaphern in der vorgestellten Form veröffentlicht worden, kann nachgefragt werden, ob die Bedeutung der Metaphern allen teilnehmenden Personen verständlich ist. So könnte man z. B. um Erläuterung bitten, was mit der Metapher gemeint sei, Unterricht sollte sein wie eine *Spirale*. Im Falle dieser Gruppe hat die Verfasserin erklärt: „Ich stelle mir vor, dass Unterricht ein *Kontinuum* sein sollte, dass er *systematisch auf dem Vorangegangenen* aufbaut, dass er *zunehmend anspruchsvoller* wird, dass er sich an *immer wiederkehrenden Prinzipien* orientiert." Derjenige, der Unterricht mit einem großen *Puzzle* verglichen hat, erläutert: „Unterricht besteht aus *vielen kleinen Bausteinen.* Wenn man sie *richtig zusammenfügt*, ergeben sie *gemeinsam ein sinnvolles Bild*." In dieser Weise kann man fortfahren, bis es in der Gruppe keinen weiteren Bedarf nach inhaltlicher Klärung mehr gibt.

Im nächsten Schritt werden die Metaphern von den Mitgliedern der Gruppe thematisch geordnet, wie dies in Abb. 13 vorgestellt wird. Die thematischen Zuordnungen in Abb. 12 lassen unterschiedliche Akzente und Hinsichten innerhalb der Gruppe erkennen: in manchen Metaphern wird die Vielfalt betont, z. B. in *„Kaleidoskop"* oder *„Jahrmarkt"*, in manchen der Charakter von Vorführung und Geschicklichkeit, z. B. in *„Zirkus"* , *„Bühne"* oder *„Jonglieren"*, in anderen die Regelhaftigkeit und das Zusammenwirken, z. B. *im „Spiel, bei dem sich alle an die Regeln halten"*, in anderen das Unvorhersehbare und Unerwartete, z. B. im Vergleich *„einen Schatz finden"*, in anderen wiederum gerade das planvolle und verantwortungsbewusste Handeln wie z. B. in *„einen Garten pflegen"*, andere betonen die Verzweigtheit und Verbundenheit wie z. B. in *„ein sich langsam bildendes Netzwerk"*, anderen dagegen ist die Linearität wichtig wie z. B. in *„eine Autobahn"*.

Der Sortiervorgang führt nahezu naturwüchsig zu der Frage, ob in der Gruppe alle Personen die gleiche Vorstellung von Unterricht besitzen oder ob Unterschiede existieren. Zur Beantwortung dieser Frage kann man jeweils zwei Metaphern aus *unterschiedlichen Zuordnungen* vergleichen, ebenso kann man sich aber auch auf die Metaphern *innerhalb eines* thematischen Feldes konzentrieren.

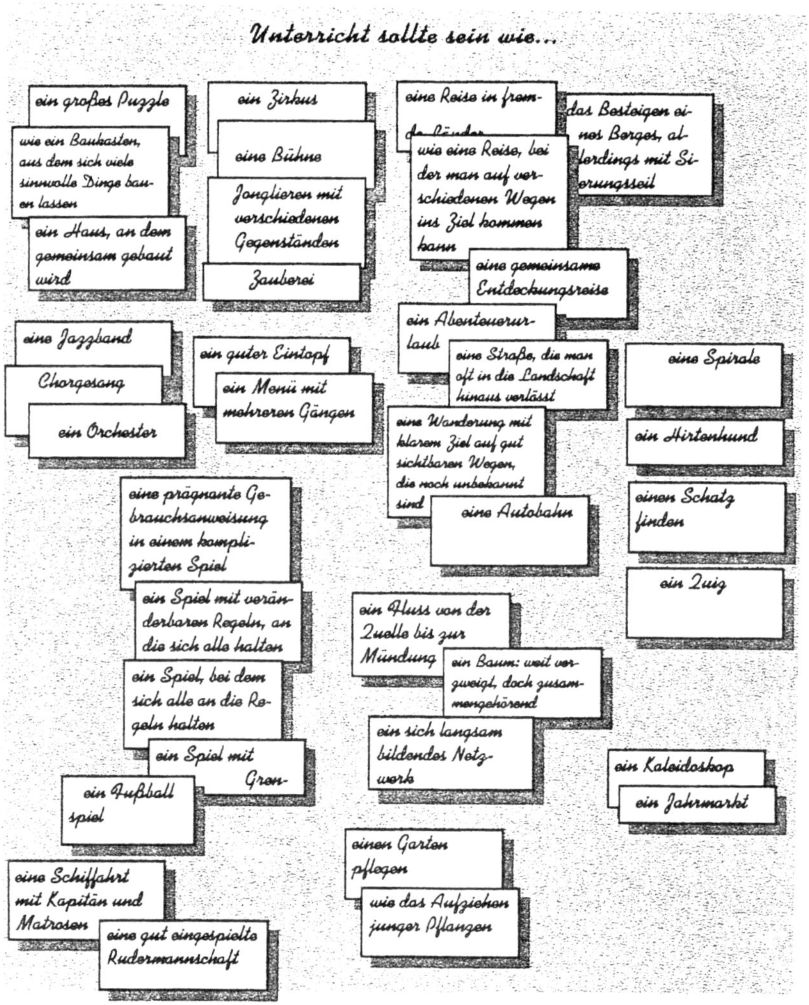


*Abb. 13: Metaphernübung - Metaphern thematisch sortiert*

Beginnen wir mit der letztgenannten Möglichkeit und betrachten die Formulierungen *„ein großes Puzzle“* und *„wie ein Baukasten, aus dem sich viele sinnvolle Dinge bauen lassen.“* Beiden Bildern ist die Vorstellung zahlreicher Einzelelemente gemeinsam; während sich aber beim Puzzle aus den vorgegebenen Elementen jeweils nur *ein* sinnvolles Bild zusammensetzen lässt, ermöglicht der Baukasten eben *viele unterschiedliche* Lösungen. Die Ursache liegt offensichtlich im Grad der Vorgeformtheit der unterschiedlichen Elemente.

Auch der Vergleich aus unterschiedlichen thematischen Zuordnungen führt zu interessanten Einsichten. Betrachtet man Unterricht als *eine Bühne*, dann gibt es agierende Personen und Zuschauer, die im Spiel der Darsteller etwas entdecken können, an dem sie jedoch nicht selbst und unmittelbar beteiligt sind; ist der Unterricht dagegen *eine gemeinsame Entdeckungsreise*, gibt es keine Trennung von agierenden und betrachtenden Personen, alle sind gleichermaßen aktiv.

Man kann gegen diesen Umgang mit den Metaphern und Vergleichen vielleicht einwenden, dass hierdurch Bedeutungsfacetten in die Bilder hineininterpretiert werden, an die diejenigen, die diese Metaphern formuliert haben, nie gedacht haben. Der Einwand ist durchaus berechtigt und genau darin liegt die Begründung für die Arbeit mit Metaphern und Vergleichen. Die sprachlichen Bilder haben einen einigermaßen unscharf abgegrenzten Bedeutungshorizont. Der Benutzer dieser Bilder will einen bestimmten Aspekt hervorheben, den er für positiv hält und der ihm besonders wichtig ist. Eine andere Person, die dieses Bild gleichsam „von außen“ betrachtet, wird dabei auf möglicherweise problematische Anteile aufmerksam, die dem Benutzer nicht bewusst sind: Die meisten unserer positiv besetzten Bilder enthalten einen „dunklen Hof“, der - für uns unbewusst - die „helle“ Seite begleitet. Wird der Benutzer eines solchen Bildes von außen darauf aufmerksam gemacht, kann er sich wegen der mangelnden Eindeutigkeit der Bilder von diesen problematischen Anteilen ohne Gesichtsverlust verabschieden und so eine unauffällige Korrektur seiner Vorstellung von Unterricht vornehmen.

Wer Unterricht mit einer *Autobahn* vergleicht, wird sich vielleicht an der Vorstellung von Zielgerichtetheit und hoher Lerngeschwindigkeit orientiert haben. Das Bild von der Autobahn gibt aber auch noch andere Elemente her, die in ihm vielleicht verdeckt für den Benutzer enthalten sind: Autobahnen verlangen von ihren Benutzern, dass sie eine bestimmte

Mindestgeschwindigkeit nicht unterschreiten; Autobahnen sind jeweils nur in einer Richtung befahrbar; eine Autobahn kann nur an vorgegebenen Stellen verlassen werden; Ruhepausen sind nur an den dafür vorgesehenen Stellen möglich; Kontaktaufnahme mit anderen Autobahnbenutzern ist während der Fahrt nur eingeschränkt möglich; oftmals ist bei Autobahnen die Sicht in das umliegende Gelände abgeschirmt; Autobahnen werden von Instanzen errichtet und gewartet, die die Benutzer allenfalls als statistische Größen berücksichtigen. Überträgt man alle diese Elemente auf den Unterricht, entsteht das Bild eines extrem lehrerzentrierten und fremdbestimmten Unterrichts, in dem die Bedürfnisse der Schülerinnen und Schüler als lernende Subjekte kaum ihren Ort haben. „So habe ich das nicht gemeint", kann der Benutzer des Autobahn-Bildes entgegnen und sich von diesen problematischen Anteilen verabschieden, ohne sich im Detail rechtfertigen zu müssen.

In diesem Sinne kann man verschiedene Metaphern und Vergleiche auf ihre problematischen Elemente überprüfen und korrigieren. Im folgenden Arbeitsschritt können die Vergleiche und Metaphern im Hinblick auf ihre *Konsequenzen für verschiedene unterrichtliche Dimensionen* analysiert werden.

### 3.2.2 Metaphern analysieren: Konsequenzen der Bilder vom Unterricht

In diesem Arbeitsschritt, in dem es darum geht, die „helle Seite" eines jeweiligen Bildes von ihrem „dunklen Hof" zu trennen, kann man nun die einzelnen Metaphern und Vergleiche durchgehen und beispielsweise fragen:

* Was bedeutet es für die *Rolle der Schülerinnen und der Schüler* bzw. die *Rolle der Lehrerin oder des Lehrers*, wenn Unterricht *als eine Schifffahrt mit Kapitän und Matrosen* betrachtet wird oder als *eine gut eingespielte Rudermannschaft?*

* Was bedeutet es für das *Verständnis von Lernen*, wenn Unterricht als *Zauberei* oder *ein Quiz* erscheint?

* Was bedeutet es für den *Stellenwert von Fehlern,* wenn Unterricht mit *einem Abenteuerurlaub* oder *mit Jonglieren mit verschiedenen Gegenständen* verglichen wird?

* Was bedeutet es für die *Art der Kommunikation*, Unterricht als *eine Jazzband* oder als einen *Hirtenhund* zu betrachten?

* Was bedeutet es für den *Umgang mit Konflikten*, wenn Unterricht *als ein Orchester* oder als *ein Spiel mit veränderbaren Regeln, an die sich alle halten,* gedeutet wird?

Beim Durcharbeiten dieser Fragen wird es vielleicht zu folgenden Überlegungen kommen:

In den Bildern *Schifffahrt mit Kapitän und Matrosen und gut eingespielte Rudermannschaft* hat für ihre jeweiligen Benutzer der Aspekt des *gut eingespielten Teams* im Vordergrund gestanden. Die vergleichende Analyse lässt aber auch Unterschiede erkennen: das Team *aus Kapitän und Matrosen* unterscheidet sich von *der gut eingespielten Rudermannschaft* durch eine spezifische Verteilung und Abstufung vom Kompetenzen; diesen Aspekt wird der Benutzer des Bildes wahrscheinlich als zutreffend für das Verhältnis Lehrer-Schüler akzeptieren. Dass aber das Zusammenwirken von *Kapitän und Matrosen* durch Befehl und Gehorsam geregelt ist, wird er wahrscheinlich ersetzen wollen durch entsprechende Elemente aus der *gut eingespielten Rudermannschaft.*

Sind in diesem Sinne von den beteiligten Lehrpersonen die Bilder im Hinblick auf ihre „helle Seite“ ausgeschärft worden, kann man sich auf ein gemeinsames Bild von Unterricht verständigen.

**Ein gemeinsames Bild: Unterricht sollte sein wie...**

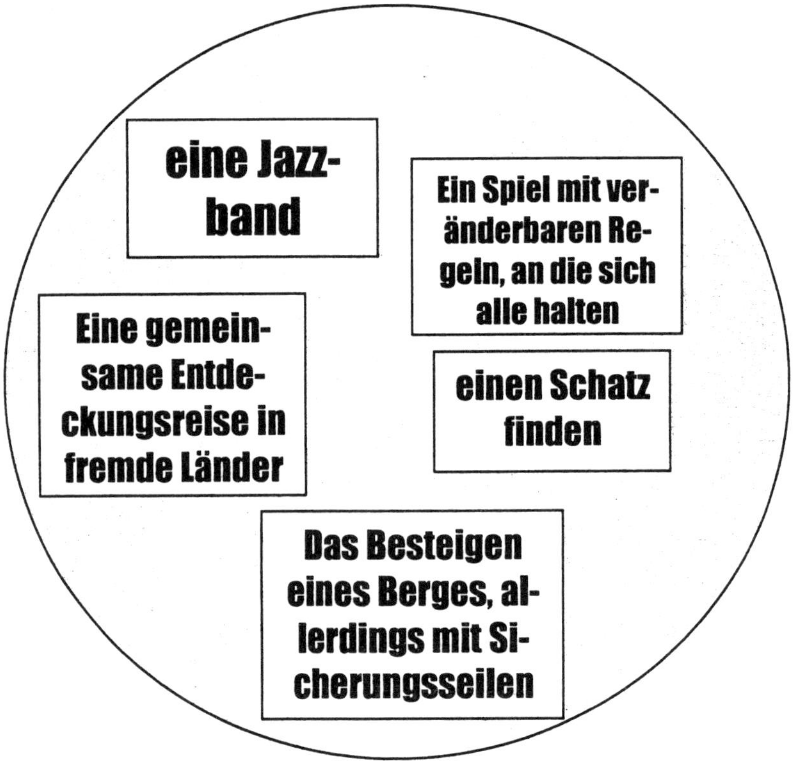


*Abb. 14: Metaphernübung - Ein gemeinsames Bild von Unterricht*

Aus ihrem ursprünglichen Katalog von Metaphern und Vergleichen hat die Lehrergruppe die in Abbildung 14 vorgestellten Metaphern und Vergleiche ausgewählt, die gemeinsam ihre Vorstellung von Unterricht als Resultat der vorangegangenen Überlegungen und Diskussionen repräsentieren. Dazu geben sie folgende Erläuterungen:

- *Eine Jazzband:* Jeder Mitspieler hat die Möglichkeit, zeitweise als Solist in den Vordergrund zu treten und zu führen, die Aufführung gelingt als gemeinsame Veranstaltung, die Improvisationskunst aller Beteiligten ist erforderlich;
- *ein Spiel mit veränderbaren Regeln:* Die Zusammenarbeit orientiert sich an Regeln, die Resultat eines gemeinsamen Kontraktes sind; die Regeln sind in gemeinsamer Absprache veränderbar, besitzen aber Verbindlichkeit für alle;
- *eine gemeinsame Entdeckungsreise:* Die Beteiligten folgen einem gemeinsamen Interesse; die Lehrperson kennt zwar die Methoden, um sich im unbekannten Terrain zu orientieren, weiß aber nicht vorab schon alle Antworten; Umwege und Fehler führen zu neuen Erfahrungen und Kenntnissen;
- *einen Schatz finden:* Die Ergebnisse sind nicht in allen Details vorherzusagen, Planung und Glück führen zusammen zum Erfolg, das Ergebnis ist für die Beteiligten bereichernd;
- *das Besteigen eines Berges:* Die Unternehmung ist mit Anstrengung der Beteiligten verbunden, sie ist zielgerichtet; wer durchhält, gelangt zu einem Punkt, der ihm einen größeren Überblick ermöglicht; hiermit geht ein Gefühl der Befriedigung einher.

Hat man sich in einer Lehrergruppe so über eine gemeinsame Vorstellung von Unterricht verständigt, kann es wichtig sein sich zu vergewissern, ob das gemeinsame Verständnis auch offiziellen Anforderungen an Unterricht standhält:

**3. Metaphern vergleichen: Die individuellen Bilder von Unterricht und ein „offizielles Bild“**

„Der Unterricht darf nicht ausschließlich linear erfolgen, sondern muss die **Vernetzung** eines Problems innerhalb des Faches, aber auch über das Fach hinaus sichtbar machen.

Es wird darauf ankommen, Formen der Organisation von Lernsituationen, die sich an fachlicher Systematik orientieren, durch solche Arrangements zu ergänzen, die dialogisches und problembezogenes Lernen ermöglichen. Insbesondere sollen die Schülerinnen und Schüler in diesem Zusammenhang mit Themen und Arbeitsmethoden des fachübergreifenden und fächerverbindenden Arbeitens vertraut gemacht werden.“

(NRW, Richtlinien SII, GY 1999)

3.1 Vergleichen Sie, welche Elemente Ihrer Bilder von Unterricht mit diesem „offiziellen“ Bild übereinstimmen.

3.2 Gibt es Elemente in Ihren Bildern, die sich mit dem „offiziellen“ Bild nicht vereinbaren lassen?

## 3.3 Das gemeinsame Bild von Unterricht zu einem *Kriterienkatalog* ausdifferenzieren und *Indikatoren* benennen

Nun kann man sich daran machen, das gemeinsame Bild von Unterricht zu einem Kriterienkatalog auszudifferenzieren. Dabei sollte der Bezug zur Bildebene immer wieder genutzt werden, um das jeweilige Kriterium möglichst genau zu fassen. Dies kann am Bild von der gemeinsamen Bergbesteigung exemplarisch erläutert werden.

Eine Bergbesteigung ist zielgerichtet. Das Gleiche lässt sich allerdings auch von einer Autofahrt sagen. Die Bergbesteigung allerdings führt zu einem Punkt, der Überblick ins Weite ermöglicht. Denjenigen, die das Bild der Bergbesteigung gewählt haben, war dieser Aspekt besonders wichtig: Unterricht soll ein Wissen zum Ziel haben, das Überblick ermöglicht.

An dieser Stelle kann man nun gut nachvollziehen, wie sich unter dem Eindruck der Metaphernübung die Vorstellungen von einem bestimmten Kriterium innerhalb einer Gruppe präzisieren. Ohne die vorangegangene Metaphernübung hätten wahrscheinlich die Beteiligten ohne größeres Zögern der Auffassung zugestimmt, Unterricht habe der Wissenserweiterung zu dienen, jetzt besteht Einigkeit darüber, dass dem *Überblickswissen* der Vorzug zu geben ist. In diesem Sinne kann man nun das gemeinsame Bild von Unterricht in einen **Kriterienkatalog** übersetzen. Er könnte etwa so aussehen:

Unterricht sollte

- zielorientiert sein und den Beteiligten zu einem weiteren Horizont verhelfen,
- sich an gemeinsamen Interessen/Fragestellungen orientieren,
- möglichst Fragestellungen nachgehen, die den Charakter offener Probleme besitzen,
- Umwege und Fehler als Lerngelegenheiten nutzen,
- den unterschiedlichen Kompetenzen der Beteiligten Gelegenheit zur Entfaltung geben,
- die Leistungsfähigkeit der Beteiligten herausfordern,
- Interaktionen innerhalb der Lerngruppe als Instrument zu Lernfortschritten fördern,
- für Überraschendes offen sein,
- sich an Regeln orientieren, die den Bedürfnissen der Lernenden und den Erfordernissen des Lernprozesses dienen.

Damit diese Kriterien für die Evaluation und Beurteilung von Unterricht tauglich sind, kommt es jetzt darauf an, ihnen **Indikatoren** zuzuordnen, an denen sich konkret ablesen lässt, ob und wie weit das einzelne Kriterium im Unterricht realisiert worden ist, um hieraus Konsequenzen für die Beurteilung des Unterrichts ableiten zu können. Wie man sich das Verhältnis von Kriterium und Indikatoren vorstellen kann, soll an einem Beispiel aus dem Kriterienkatalog erläutert werden.

**Beispiel 1:** **Indikatoren** für das Kriterium „Fehler als Lerngelegenheiten nutzen“:

- Zu einer Aufgabenstellung werden von den Schülerinnen und Schülern unterschiedliche Lösungsvorschläge vorgestellt,
- die Lehrperson hält sich mit eigenen Kommentaren zurück,
- die Schülerinnen und Schüler haben genügend Zeit, unterschiedliche Lösungen zu diskutieren und zu überprüfen,
- ein falsches Ergebnis wird von den Mitgliedern der Lerngruppe nicht personenbezogen kommentiert,
- Lernwege werden ebenso ausführlich behandelt wie Lernergebnisse,
- die Schülerinnen und Schüler werden ermutigt, unterschiedliche Lösungswege zu finden.

Die hier genannten Indikatoren beziehen sich auf den *Lernprozess* der Schülerinnen und Schüler. Geht es dagegen um die Vereinbarung *fachbezogener Kriterien* z. B. für den Deutschunterricht in der Erprobungsstufe, so könnten hierauf bezogene Indikatoren folgendermaßen lauten:

**Beispiel 2:** **Indikatoren** für das Kriterium „Informationen entnehmen und zusammenfassen können“:

- Die Schülerinnen und Schüler gliedern den Text in Sinnabschnitte,
- sie kennzeichnen in den Sinnabschnitten leitende Begriffe durch Unterstreichen,
- sie klären unbekannte Begriffe durch Nachschlagen oder erschließen sie aus dem Kontext,
- sie geben die Aussage eines jeden Sinnabschnittes in einem Satz wieder,
- sie formulieren auf dieser Grundlage einen zusammenhängenden Text.

Ein **gemeinsames Bild** von Unterricht:

**Kriterien** für das gemeinsame Bild von Unterricht

- zielorientiert sein und den Beteiligten zu einem weiteren Horizont verhelfen,
- sich an gemeinsamen Interessen / Fragestellungen orientieren,
- möglichst Fragestellungen nachgehen, die den Charakter offener Probleme besitzen,
- *Umwege und Fehler als Lerngelegenheiten nutzen,*
- den unterschiedlichen Kompetenzen der Beteiligten Gelegenheit zur Entfaltung geben,
- die Leistungsfähigkeit der Beteiligten herausfordern,
- Interaktionen innerhalb der Lerngruppe als Instrument zu Lernfortschritten fördern,
- für Überraschendes offen sein,
- sich an Regeln orientieren, die den Bedürfnissen der Lernenden und den Erfordernissen des Lernprozesses dienen

**Indikatoren** für das Kriterium „Umwege und Fehler als Lerngelegenheiten nutzen“

- Zu einer Aufgabenstellung werden von den Schülerinnen und Schülern unterschiedliche Lösungsvorschläge vorgestellt
- die Lehrperson hält sich mit eigenen Kommentaren zurück,
- die Schülerinnen und Schüler haben genügend Zeit, unterschiedliche Lösungen zu diskutieren und zu überprüfen,
- ein falsches Ergebnis wird von den Mitgliedern der Lerngruppe nicht personenbezogen kommentiert,
- Lernwege werden ebenso ausführlich behandelt wie Lernergebnisse,
- die Schülerinnen und Schüler werden ermutigt, unterschiedliche Lösungswege zu finden

*Abb. 15: Übersicht - Vom gemeinsamen Bild über den Kriterienkatalog zu Indikatoren*

Bei der Benennung von Indikatoren, gleich ob sie sich auf den Lernprozess oder auf fachliche Inhalte beziehen, geht es nicht um den Anspruch, vollständige Listen zusammenzustellen, sondern sich über diejenigen „Anzeiger“ zu verständigen, die die Mitglieder der Gruppe im Hinblick auf das jeweilige Kriterium für belangvoll und aussagekräftig halten. Buhren und Rolff (1995, S.12) fordern von den Indikatoren, dass sie, bezogen auf das jeweilige Kriterium, „durch Befragung, Beobachtung oder Beschreibung validiert, also bewertet werden können“. Dabei ist es durchaus denkbar, dass es zu Überschneidungen bei einzelnen Kriterien kommt, so dass man einzelne Indikatoren auch mehreren Kriterien zuordnen kann.

## 3.4 Unterrichtsbild, Kriterien und Indikatoren als Grundlage für die Beurteilung

Wir haben gesehen, wie eine Gruppe von Lehrerinnen und Lehrern in einem gestuften Verfahren aus ihren individuellen Bildern von Unterricht einen Katalog gemeinsam akzeptierter Kriterien und Indikatoren für das von ihnen angestrebte Bild von Unterricht ableiten kann. Hiermit besitzt das Kollegium ein Bezugssystem für die Selbstreflexion seiner unterrichtlichen Praxis, das bei Prozessen schulinterner Unterrichtsentwicklung eingesetzt werden kann. Darüber hinaus kann dieser Katalog aber auch die Maßstäbe für die Beurteilung von Unterricht liefern. Es gibt nun eine Vorstellung davon, welchem Leitbild von Unterricht die Kriterien verpflichtet sind und welche Indikatoren für die verschiedenen Kriterien gelten sollen. Eingangs haben wir gesehen, dass Unterricht fortgesetzt direkt und indirekt von unterschiedlichen Instanzen beurteilt wird: Von Schülerinnen und Schülern, von Eltern und Kollegiumsmitgliedern, von Schulleitung und Schulaufsicht. Sowohl bei informellen Gesprächsanlässen mit Schülerinnen und Schülern sowie der Kollegenschaft als auch bei förmlichen Überprüfungssituationen durch Schulleitung und Schulaufsicht kann der im Kollegium etablierte Zusammenhang von Unterrichtsbild, Kriterien und Indikatoren genutzt werden. Besonders für förmliche Überprüfungssituationen steht nun ein Bezugssystem bereit, das nur noch vergleichsweise geringe Interpretationsspielräume zulässt und damit die Vergleichbarkeit von Beurteilungen erhöht.

In diesem Zusammenhang kommt der Schulleitung eine doppelte Aufgabe zu. Zum einen hat sie dafür zu sorgen, dass schulinterne Klärungsprozesse von der Art, wie sie hier skizziert worden sind, überhaupt in Gang kommen und kontinuierlich fortgesetzt werden. Neue Richtlinien in den Fächern oder die Verständigung mit Nachbarschulen über Qualitätsstandards können hierfür als Anlass genutzt werden. Dabei wird man bei größeren Schulsystemen aus Gründen der Überschaubarkeit mit dieser Arbeit zunächst in Teilsystemen (z. B. einer Jahrgangsstufe oder einem Fach) beginnen.

Zum anderen ist es aber auch die Aufgabe der Schulleitung, sich inhaltlich an dieser Arbeit zu beteiligen, damit nicht die Situation entsteht, dass die Bewertungsmaßstäbe der Schulleitung keinen Bezug zu dem kollegiumsintern erarbeiteten Zusammenhang von Unterrichtsbild, Kriterienkatalog und Indikatoren besitzen. Die Stelle im Prozess, in der sich die Schulleitung oder auch die Vorsitzende einer Fachkonferenz am besten mit ihren Vorstellungen einklinken können, ist wahrscheinlich die Phase 2.4, in der es darum geht, die individuellen Bilder von Unterricht, die im Kollegium vorhanden sind, mit einem „offiziellen Bild“, z. B. dem der Richtlinien, zu konfrontieren. Auf diese Weise ist der Beitrag der Schulleitung nicht einer unter vielen anderen, sondern sorgt für die Abstimmung der internen Vereinbarungen mit externen Vorgaben. Der zuletzt genannte Aspekt berührt auch die Frage, wie die Schulaufsicht mit ihren Beurteilungsmaßstäben ins Spiel kommen kann. Nach den vorangegangenen Überlegungen kann nun nicht davon ausgegangen werden, dass die Schulaufsicht ihre Bewertungsmaßstäbe unbeeinflusst von kollegiumsinternen Vereinbarungen durchsetzt. Vielmehr wird es im Vorfeld dienstlicher Beurteilungen erforderlich sein, dass die Schulaufsicht einen Dialog mit dem jeweiligen Kollegium über dessen Vereinbarungen eröffnet und dabei die eigenen Positionen auf ähnliche Weise einbringt, wie dies für die Schulleitung dargestellt worden ist. Auf diese Weise kann ein Beitrag zur Minderung der von F. Becker und H. Buchen erwähnten „Kriterienprobleme“ und „Beurteilerprobleme“ in Zusammenhang mit dienstlicher Beurteilung geleistet werden (Becker/Buchen 2001, S. 14 ff.).

## 3.5 Einen Schülerfragebogen entwickeln

Abschließend soll angesprochen werden, dass die Frage nach der unterrichtlichen Qualität und damit die Frage nach dem Bild von Unterricht sowie den zugehörigen Kriterien und Indikatoren nicht nur Kollegium, Schulleitung und Schulaufsicht betreffen, sondern vor allem auch die Schülerinnen und Schüler einbeziehen sollten, an die sich der Unterricht richtet. Dies kann z. B. durch einen Fragebogen geschehen, der auf der Grundlage des im Kollegium vereinbarten Bildes von Unterricht sowie dem zugehörigen Katalog von Kriterien und Indikatoren entwickelt wird. Hierbei kommt es darauf an, die von Lehrkräften benannten Kriterien und Indikatoren in schülergerechte Formulierungen zu übersetzen. Wie dies konkret aussehen könnte, soll am Beispiel der Indikatoren für das Kriterium „Fehler als Lerngelegenheiten nutzen“ gezeigt werden. Weitere Hinweise zum Thema „Werkzeuge für eine erfolgreiche Evaluation“ finden sich bei Burkard/Eikenbusch 2000, S. 78 ff.

*Abb. 16: Schülerfragebogen*

## Aus Fehlern lernen

| | Zustimmung 5 | 4 | 3 | 2 | Ablehnung 1 |
|---|---|---|---|---|---|
| Bei der Besprechung von Aufgaben lässt der Lehrer regelmäßig mehrere Schüler zu Wort kommen. | ☐ | ☐ | ☐ | ☐ | ☐ |
| Wenn ein Schüler seine Lösung einer Aufgabe vorgetragen hat, darf ich oder ein anderer Schüler dazu Stellung nehmen, ohne dass sich der Lehrer einmischt. | ☐ | ☐ | ☐ | ☐ | ☐ |
| Ich habe genügend Zeit, über die Beiträge von Mitschülern nachzudenken und sie mit anderen Schülern zu diskutieren. | ☐ | ☐ | ☐ | ☐ | ☐ |
| Wenn ich eine falsche Antwort gebe, werde ich dafür von meinem Lehrer nicht kritisiert. | ☐ | ☐ | ☐ | ☐ | ☐ |
| Wenn ich eine falsche Antwort gebe, werde ich dafür von meinen Klassenkameraden nicht verspottet. | ☐ | ☐ | ☐ | ☐ | ☐ |
| Wenn ich zu einer Aufgabe keine Lösung finde oder eine falsche Antwort gegeben habe, arbeiten wir in der Klasse die Aufgabe gemeinsam durch. | ☐ | ☐ | ☐ | ☐ | ☐ |
| Wenn ich zu einer Aufgabe eine andere Lösung als meine Klassenkameraden gefunden habe, darf ich sie im Unterricht vorstellen. | ☐ | ☐ | ☐ | ☐ | ☐ |
| Wenn wir eine neue Aufgabe besprechen, notiert der Lehrer an der Tafel, wie man zu einer Lösung kommt. | ☐ | ☐ | ☐ | ☐ | ☐ |
| Ich bekomme von meinem Lehrer Pluspunkte, wenn ich den Lösungsweg für eine Aufgabe kenne, auch wenn nachher das Ergebnis falsch ist. | ☐ | ☐ | ☐ | ☐ | ☐ |

# C Unterricht planen

In Kapitel A ist das Konzept vorgestellt worden, die *Unterrichtsnachbesprechung* aus der zentralen didaktischen/methodischen Entscheidung, die die Lehrperson für ihre Unterrichtsstunde getroffen hat, zu entwickeln.

Logischerweise sollte sich daher auch die *Planung* einer Unterrichtsstunde an einer zentralen didaktischen/methodischen Idee orientieren. Diese Vorstellung ist keineswegs selbstverständlich: In vielen Fällen realisiert sich Unterrichtsplanung als Aneinanderreihung einzelner inhaltlicher Schritte oder methodischer Ideen, deren Abfolge sich formal an ein fach- oder allgemeindidaktisches Artikulationsschema anlehnt, ohne dass zwischen diesen Schritten ein innerer Zusammenhang bestünde, der sich aus einem zugrundeliegenden gemeinsamen Prinzip herleitete.

Die folgenden Überlegungen zur Unterrichtsplanung thematisieren dieses Problem gleichsam als Umkehrung der Ausführungen zur Unterrichtsnachbesprechung; es soll der Frage nachgegangen werden, wie sich Unterrichtsplanung aus einer zentralen didaktischen/methodischen Entscheidung entwickeln lässt.

Auf diese Weise werden Unterrichtsnachbesprechung und Unterrichtsplanung auf ein gemeinsames Prinzip gegründet; dies ist die Voraussetzung dafür, dass aus der Unterrichtsnachbesprechung unmittelbar Konsequenzen für die weitere Planung und damit für die Optimierung von Unterricht gezogen werden können.

Mit der so vorgenommenen Akzentuierung ist nicht der Anspruch verbunden, an dieser Stelle alle denkbaren Aspekte der Unterrichtsplanung vollständig abzuhandeln; hierzu liegt eine umfangreiche Literatur zahlreicher Autoren vor.

# 1. Die Unterrichtsplanung von einer zentralen didaktischen/methodischen Entscheidung her entwickeln

Als Beispiel sei eine Stunde im Physikunterricht der Sekundarstufe I zum Thema „Der Auftrieb in Flüssigkeiten" gewählt. Hilbert Meyer (Meyer 1987, S. 321) skizziert den möglichen Verlauf einer Physikstunde zum Thema „Der Auftrieb" auf folgende Weise:

„Der Lehrer hat vor Beginn der Physikstunde drei zylinderförmige Glasgefäße mit

- reinem Wasser,
- Kochsalzlösung mittlerer Konzentration und
- Kochsalzlösung starker Konzentration

gefüllt.

- Zu Beginn der Stunde holt er drei frische Hühnereier aus der Tasche und fragt die Schüler, was wohl geschehen werde, wenn er diese drei Eier in je einen der Zylinder lege. Die Schüler äußern sich spontan. Die Erwartung, dass etwas Besonderes passieren müsse, wird aufgebaut.
- Der Lehrer legt je ein Ei in einen der drei Zylinder. Das Ei im Zylinder a) sinkt auf den Boden; das in Zylinder b) schwebt; das in c) schwimmt an der Oberfläche:

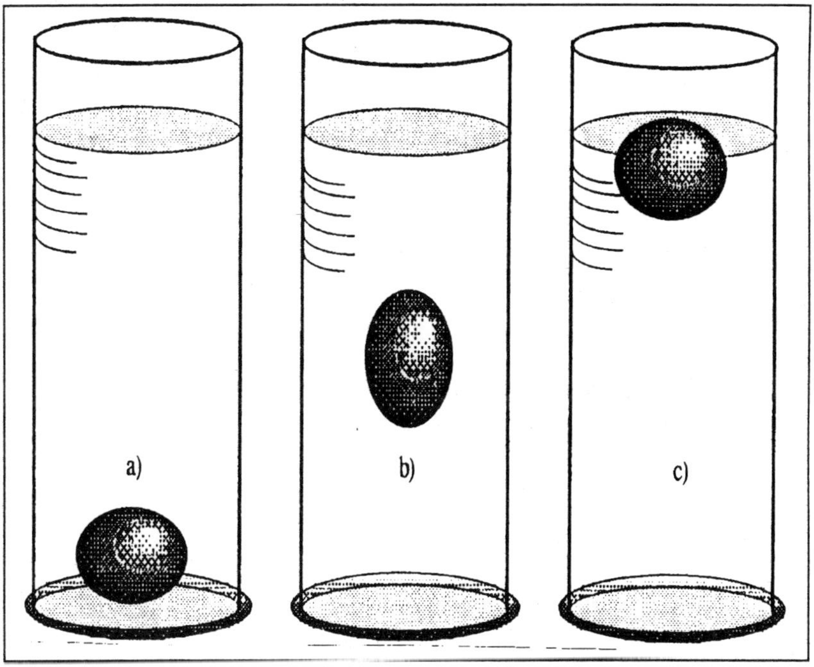


*Abb. 17: Der Auftrieb in Flüssigkeiten*

- Die Schüler staunen - auch dann, wenn sie mit Ähnlichem gerechnet haben. Sie beginnen auf der Stelle, Hypothesen zur Erklärung des scheinbaren Widerspruches zu formulieren. Naheliegend, aber falsch ist die Vermutung: „Die Eier sind präpariert!“

- Der Lehrer fordert die Schüler auf, diese Hypothese zu überprüfen. - Sie kommen nach vorn und tauschen die drei Eier aus. - Es bleibt wie zuvor.

- Die Schüler sind gezwungen, neue Hypothesen zu formulieren. Wenn die Schüler nicht von selbst auf die Idee kommen, fordert der Lehrer sie auf, das Wasser zu untersuchen und eventuell zu schmecken.

- Die Schüler finden heraus, dass die Zylinder b) und c) mit Salz versetztes Wasser enthalten. Nun beginnt die eigentliche Denkarbeit: „Warum führt der Zusatz von Salz dazu, dass das Ei schwimmt?“
- Eine neue Runde der Hypothesenbildung beginnt, in der die Vorkenntnisse der Schüler/innen über das spezifisches Gewicht und den Druck in Flüssigkeiten zu ihren Beobachtungen in Beziehung gesetzt werden.“

Das Thema dieser Unterrichtsstunde, der Auftrieb in Flüssigkeiten, kann grundsätzlich auf unterschiedlichen Wegen vermittelt / erarbeitet werden.

Denkbar sind z. B.

- ein Lehrervortrag,
- die Lektüre eines einschlägigen Textes in Einzelarbeit,
- eine Expertenbefragung,
- eine Internet-Recherche,
- eine Computer-Simulation,
- ein Lehrer-Demonstrationsexperiment oder
- Schüler-Experimente in arbeitsgleicher Gruppenarbeit.

Jede dieser prinzipiell denkbaren Entscheidungen hat Konsequenzen für die weitere Unterrichtsplanung im Detail, jede dieser Entscheidungen führt zu einem anderen Bild von Unterricht.

**Das Lehrer-Demonstrationsexperiment als zentrale didaktische/methodische Entscheidung**

Betrachtet man den von Hilbert Meyer skizzierten Unterrichtsverlauf von der zentralen didaktischen/methodischen Entscheidung „Lehrer-Demonstrationsexperiment" her, so ergibt sich im Hinblick auf den Lern- und Arbeitsprozess, die Lehrerrolle, die Aktivitäten der Schülerinnen und Schüler, das vorherrschende Interaktionsmuster, die Sozialform und die Medien folgendes Bild:

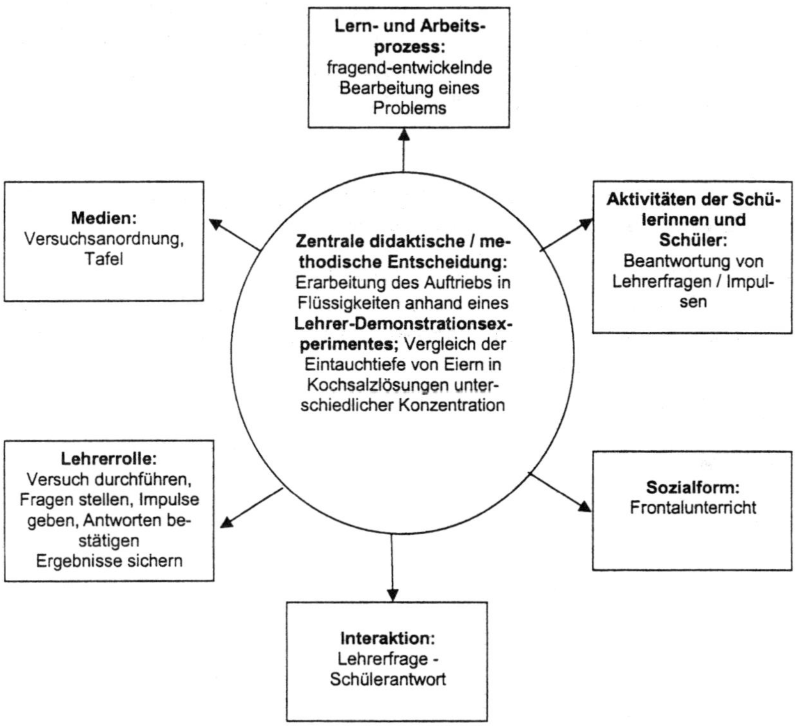


*Abb. 18: Die Entscheidung für das Lehrer-Demonstrationsexperiment in ihrer Wirkung auf unterschiedliche Dimensionen des Unterrichts*

Die Grafik lässt erkennen: Das zentrale Steuerungsinstrument der Unterrichtsstunde sind die verbalen Aktivitäten des Lehrers, die die Schülerinnen und Schüler zu einer Auseinandersetzung mit dem von ihm vorgeführten Experiment veranlassen sollen. Komplementär bestehen die Aktivitäten der Schülerinnen und Schüler in verbalen Reaktionen auf die Äußerungen des Lehrers. Dieses Grundverhältnis spiegelt sich auch in den Dimensionen Lern- und Arbeitsprozess, Interaktion und Sozialform. Entsprechend besteht, neben der Bereitstellung der Versuchsanordnung, die entscheidende planerische Aufgabe des Lehrers in der Überlegung, welche Leitfragen und Impulse er formulieren muss, um die Auseinandersetzung der Lerngruppe mit dem vorgeführten Experiment so zu stimulieren, dass die von ihm angestrebte Einsicht erreicht wird. Dabei läuft die Auseinandersetzung der Schülerinnen und Schüler mit der Sache vornehmlich über die Person des Lehrers.

**Das Schülerexperiment in arbeitsgleicher Gruppenarbeit als zentrale didaktische / methodische Entscheidung**

Entscheidet sich die planende Person statt für das Lehrer-Demonstrationsexperiment für ein Schülerexperiment in arbeitsgleicher Gruppenarbeit, entsteht ein deutlich anderes Bild von Unterricht mit veränderten planerischen Erfordernissen:

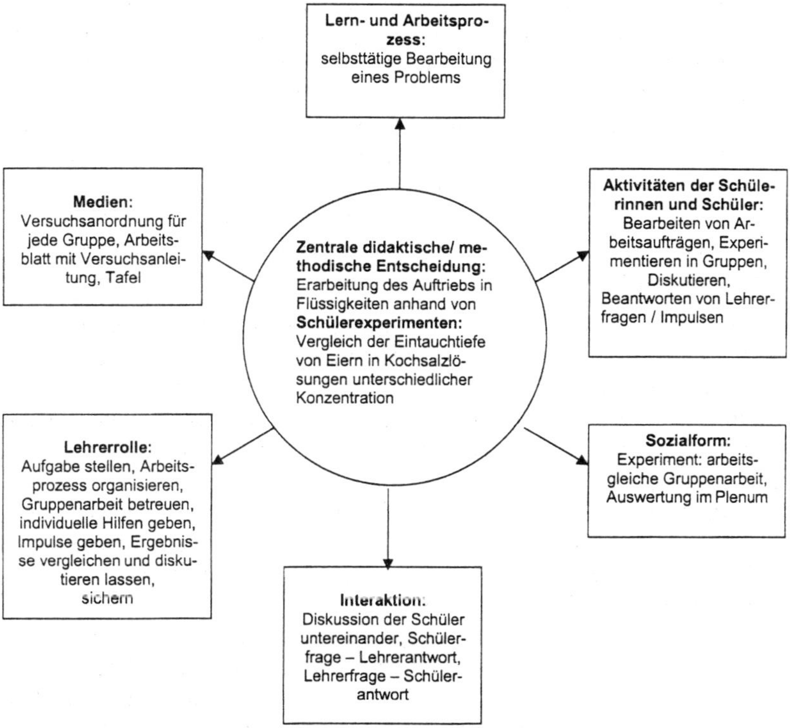


*Abb .19: Die Entscheidung für das Schülerexperiment in ihrer Wirkung auf unterschiedliche Dimensionen des Unterrichts*

In diesem Fall ist das zentrale Steuerungsinstrument für den Arbeitsprozess der Schülerinnen und Schüler in den Kleingruppen das Arbeitsblatt mit der Versuchsanleitung; auf dessen Gestaltung ist besondere Sorgfalt zu legen, damit der Arbeitsprozess möglichst reibungslos ablaufen kann. Einen weiteren Schwerpunkt der Vorbereitung bildet die Bereitstellung einer hinreichend großen Anzahl von Versuchsanordnungen für jede Kleingruppe; dabei muss besonders bedacht werden, auf welche Weise die unterschiedlichen Konzentrationen von Kochsalzlösungen in den drei Standzylindern erreicht werden können, ohne dass diese den Schülerinnen und Schülern vorweg bekannt sind. Schließlich ist zu überlegen, wie die Ergebnisse der einzelnen Gruppen auf sinnvolle Weise zusammengefasst werden können.

Offenbar hat die Entscheidung für das Schülerexperiment einen größeren planerischen Aufwand für die Lehrperson zur Folge. Dafür ist aber auch zu erkennen, dass die Aktivitäten der Schülerinnen und Schüler breiter gestreut sind, dass sie sich nicht nur auf Kognitives beschränken, sondern auch die manuelle Geschicklichkeit herausfordern. Überdies ist der Interaktionsprozess in diesem Fall stärker in die Schülergruppen hinein verlagert: Die Auseinandersetzung mit dem Problem findet, gelenkt durch das Arbeitsblatt, vornehmlich im Dialog der Schülerinnen und Schüler untereinander statt. Generell wird durch dieses Unterrichtskonzept die Selbsttätigkeit der Schülerinnen und Schüler in kognitiver, manueller und argumentativer Hinsicht stärker gefordert. Komplementär hierzu verlagern sich die Aktivitäten des Lehrers stärker auf das Organisieren, Helfen, Moderieren, selbstverständlich ohne dass traditionellere Aktivitäten wie `Aufgaben und Fragen stellen´, `Ergebnisse kontrollieren´ oder `Korrekturen vornehmen´ gänzlich überflüssig würden.

Wollte man die beiden Unterrichtskonzepte in einem Bild fassen, könnte man das Lehrer-Demonstrationsexperiment mit einer geführten Exkursion vergleichen, bei der alle Teilnehmer den gleichen Weg gehen müssen, wobei sie sich an den Anweisungen des begleitenden Führers orientieren müssen.

Das Schülerexperiment in arbeitsteiliger Gruppenarbeit gleicht der Arbeit in einer Werkstatt, in der mehrere Gruppen nach einem Plan selbständig an einem Werkstück arbeiten; von Zeit zu Zeit kommt der Meister zu ihnen, kontrolliert ihre Arbeit und gibt ihnen Unterstützung.

Für welches dieser Bilder sich die planende Lehrperson entscheidet, hängt von den Voraussetzungen der jeweiligen Lerngruppe ab; ist durch wiederholtes Üben eine gewisse Vertrautheit mit den zu beschreitenden Wegen (Methoden) erlangt worden, kann die „geführte Exkursion" durch die „Werkstatt" abgelöst werden.

## 2. Schwierigkeiten bei der Planung einer Unterrichtssequenz

Versetzen wir uns in die Situation einer Referendarin, die im Deutschunterricht der Jahrgangsstufe 11 eine Unterrichtsreihe zum Thema „Lyrik" durchführen soll. Bei der Planung ihres Unterrichtsvorhabens stellt sich ihr eine Vielzahl von Fragen, etwa von folgender Art:

- Welche Autoren sollen ausgewählt werden? Soll man sich auf einen Autor beschränken oder besser mehrere berücksichtigen?
- Ist es sinnvoll, Gedichte zu nur einem Themenbereich auszuwählen oder läuft man Gefahr, damit die Schülerinnen und Schüler zu langweilen?
- Sollen für die Auswahl der Gedichte vor allem inhaltliche Aspekte im Vordergrund stehen oder (auch) formale Prinzipien eine Rolle spielen?
- Wird das Verständnis der Schülerinnen und Schüler am ehesten gefördert, wenn man sich auf eine bestimmte Epoche konzentriert oder sollte man besser Gedichte aus unterschiedlichen Epochen vergleichend untersuchen?
- Wie viele Unterrichtsstunden soll/darf die Reihe überhaupt umfassen?
- Wie viele Gedichte sollen/können in dieser Zeit besprochen werden?

Besonders bei Berufsanfängern ist zu beobachten, dass für die Entscheidung derartiger Fragen oft die notwendigen Kriterien fehlen. Die Auswahl von Inhalten orientiert sich dann vornehmlich an persönlichen Vorlieben, die Planung größerer unterrichtlicher Zusammenhänge, also z. B. die Planung von Unterrichtssequenzen, gerät so häufig zu einer Addition von Einzelstunden. Dies ist u. a. darauf zurückzuführen, dass die meisten Lehrpersonen zwar über ein Planungsmodell für eine Einzelstunde verfügen, z. B. in Form unterschiedlicher meist fachdidaktisch ausgelegter Artikulationsschemata, nicht jedoch über vergleichbare Modelle für die Planung einer Sequenz oder einer Reihe. Die didaktische Analyse von Klafki oder die Strukturgitter von Blankertz (siehe Jank/Meyer 1991, S. 133), die diese Funktion übernehmen könnten, haben sich offenbar als zu komplex erwiesen, als dass sie als taugliche Instrumente in der Alltagspraxis von Lehrpersonen eine wesentliche Rolle spielen könnten. Eher werden sie in herausgehobenen Überprüfungssituationen wie z. B. bei Examina oder dienstlichen Beurteilungen zur nachträglichen Legitimation vorab getroffener Entscheidungen genutzt. Auf eine weitgehende Folgenlosigkeit didaktischer Theorie für die Unterrichtsplanung weist R. Miller hin; eine von ihm durchgeführte Befragung von 200 Lehrkräften führte zu dem Ergebnis: „Die meisten Lehrer wussten nicht (mehr), was man unter einer didaktischen Theorie versteht“ (Miller 1993, S. 232).

Vor diesem Hintergrund stellt sich die Frage, wie eigentlich Lehrerinnen und Lehrer die Planung von über Einzelstunden hinausgehenden unterrichtlichen Zusammenhängen lernen und wie diese Kompetenz gelehrt werden kann.

Die Ausbildungspraxis in der zweiten Phase der Lehrerausbildung belegt, dass Lehramtsanwärterinnen und Lehramtsanwärter die Planung von Unterrichtssequenzen häufig als inhaltliche Übernahme entsprechender Unterrichtskonzepte von berufserfahrenen Lehrpersonen, Fachleiterinnen und Ausbildungslehrern, erfahren. Eigene Planungen realisieren sich dann häufig in der Modifikation bereits vorgefundener Konzepte. Auf diese Weise entwickelt jede Lehrperson mit der Zeit ein persönliches Repertoire von Unterrichtseinheiten, das eng mit der persönlichen Berufsbiografie verknüpft ist. Ein solches berufsbiografisch fundiertes Wissen ist dann aber allenfalls in einem Meister-Schüler-Verhältnis übertragbar, weniger nach einem rationalen Modell lehr- und lernbar.

Wenn Berufsanfänger die Planung von Unterrichtssequenzen mangels anderer Modelle als die Addition von Einzelstunden betreiben, hat dies eine Vielzahl von problematischen Folgen für das unterrichtspraktische Handeln. So fehlen häufig Kriterien zur Entscheidung der Frage,

- wie viele Unterrichtsstunden eine Unterrichtsreihe umfassen kann/soll,
- was unbedingt innerhalb einer Unterrichtsstunde untergebracht werden muss,
- ob man es sich leisten kann, je nach Lernbedarf und –tempo der Schülerinnen und Schüler einzelne Unterrichtsschritte auszudehnen oder wegzulassen.

Dieser Mangel veranlasst Lehrpersonen dann in vielen Fällen dazu, z. B. unnötig auf das Erreichen eines bestimmten Stundenabschlusses zu drängen, weil für die nächste Unterrichtsstunde möglicherweise ein anderes Thema oder ein anderer inhaltlicher Aspekt des Themas geplant ist. Besteht dagegen eine über die Einzelstunde hinaus reichende Vorstellung von der Unterrichtseinheit als einem strukturierten Lehr-/Lernprozess auf der Grundlage eines durchgängigen Prinzips, kann die Zeiteinteilung für einzelne Schritte mit dem Blick auf die Gesamtheit des Lernprozesses und der in ihm zu realisierenden Ziele elastischer wahrgenommen und der Unterrichtsverlauf flexibler je aktuellen Lernbedürfnissen der Schülerinnen und Schüler angepasst werden. Für eine souverän zu handhabende Unterrichtspraxis ist also die Vorstellung vom Lehr- /Lernprozess als einer strukturierten Ganzheit über die Einzelstunde hinaus eine unabdingbare Voraussetzung.

Um Unterrichtssequenzen in diesem Sinne anlegen zu können, soll hier ein Verfahren vorgestellt werden, das die Planung in drei Arbeitsschritten entfaltet und im Hinblick auf ihre Plausibilität überprüfbar macht.

## 2.1 Drei Arbeitsschritte zur Planung einer Unterrichtssequenz

Zur Verdeutlichung dieser Arbeitsschritte dient ein fiktives Szenario: In einer Stuhlbauerklasse der Jahrgangstufe 11 (Eingangsklasse) soll eine Sequenz zum Thema „Einen Stuhl in vier bis fünf Unterrichtsstunden bauen" durchgeführt werden. Die hierfür erforderlichen Planungsschritte werden in der Folge durchgespielt.

Dieses fiktive Szenario ist gewählt worden, weil man die erforderlichen Planungsschritte notwendig an einem bestimmten Inhalt erläutern muss.

Würde man sich dabei auf ein bestimmtes Fach beziehen, bestünde die Gefahr, dass hierdurch die Verständlichkeit eingeschränkt und die Übertragbarkeit in andere fachliche Zusammenhänge nicht recht deutlich würde. Aus diesem Grund ist ein Gegenstand gewählt, der wahrscheinlich jedem aus Alltagszusammenhängen gleichermaßen geläufig ist und damit die Analogiebildung für das eigene Fach erleichtert.

## 2.2 Den gewählten Gegenstand mit Hilfe einer Mind-map entfalten – 1. Schritt

Leitfrage: Welche Dimensionen und Aspekte sind *grundsätzlich denkbar?*

Hier geht es darum, sich darüber zu vergewissern, was an Inhalten im Zusammenhang mit dem gewählten Gegenstand grundsätzlich denkbar ist; die Klärung dieser Frage erfolgt üblicherweise als (Sach- oder didaktische) Analyse des Unterrichtsgegenstandes. In der Praxis vieler Lehrkräfte, besonders ausgeprägt bei Berufsanfängern mit noch wenig entwickeltem Repertoire, führt dieser Schritt zu umfänglicher Lektüre von Sekundärliteratur. Dagegen ist grundsätzlich nichts einzuwenden, tatsächlich gelingt es jedoch oftmals nur in Ansätzen, die unterschiedlichen Aspekte unter einer einheitlichen Fragestellung zu versammeln; auch entsteht nicht selten die Vorstellung, sich das jeweilige Sachgebiet „vollständig“ aneignen zu müssen. Die planende Lehrperson findet kein Ende ihrer Lektüre und keinen Anfang ihrer Planung. Aus dieser Schwierigkeit kann das Instrument „Mind-map“ helfen“.

**Mind-map: Den Gegenstand entfalten. Was ist *grundsätzlich* denkbar?**

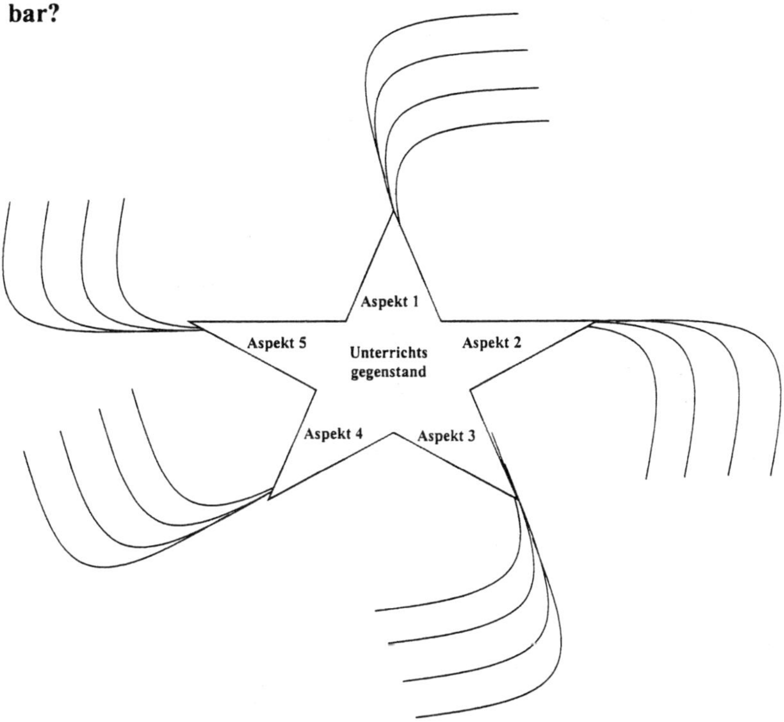


*Abb. 20: Mind-map als Instrument zur Entfaltung des Unterrichtsgegenstandes*

Die Mind-map ist ein Instrument, das Offenheit und Strukturiertheit miteinander verbindet. Es ermöglicht, sich im Brainstorming-Verfahren zunächst die bereits verfügbaren Wissensbestände zu einem Gegenstand/ Thema zu vergegenwärtigen. Durch die Eintragung in das Schema werden diese nach übergeordneten Aspekten strukturiert (ohne dass eine bestimmte Anzahl von Aspekten vorgegeben sein muss), zugleich werden die noch vorhandenen Lücken im Wissensbestand sichtbar, die nun zu einer gezielten Aufarbeitung anleiten können. Spielen wir das Vorgehen an der Planung der Unterrichtssequenz zum Thema „Einen Stuhl bauen" in einer Klasse von angehenden „Stuhlbauern" durch.

Das Brainstorming mit Hilfe einer Mind-map hat bei der planenden Lehrperson zu folgendem ersten Ergebnis geführt:

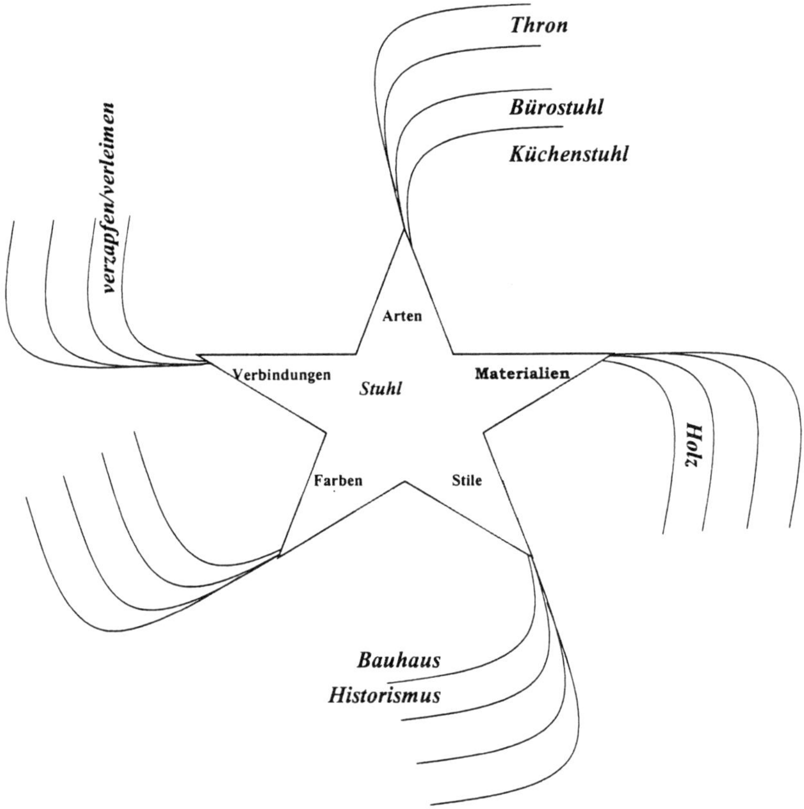


*Abb. 21: Mind-map zum Unterrichtsgegenstand „Stuhl"*

Die Mind-map verdeutlicht, dass der Lehrperson bei der Beschäftigung mit dem Thema zum Unterrichtsgegenstand „Stuhl“ eingefallen ist, dass es unterschiedliche Arten von Stühlen gibt (z. B. den Thron, den Bürostuhl, den Küchenstuhl), dass diese aus unterschiedlichen Materialien angefertigt sein können (z. B. aus Holz), dass Stühle unterschiedlichen Stilepochen zugeordnet werden können (z. B. dem Bauhaus-Stil, dem Historismus), dass Stühle selbstverständlich unterschiedliche Farben besitzen können und dass ihre Bestandteile auf unterschiedliche Weise zusammengefügt werden (z. B. durch Verzapfen und Verleimen). Die noch nicht besetzten Stellen in den Verzweigungen markieren, wo weitere Informationen erforderlich sein können, um den jeweiligen Aspekt des Gegenstandes weiter zu vervollständigen. Im Falle des gewählten Beispiels wäre zu überlegen, aus welchen weiteren Materialien Stühle angefertigt werden können, welche weiteren Stilepochen als die beiden genannten existieren usw.; entsprechend kann die Mind-map nun systematisch vervollständigt werden. Wir erhalten das in der Abbildung 22 gezeigte Resultat, das sicherlich noch weiter ergänzt werden kann, für unsere Überlegungen aber einen hinreichend komplexen Überblick bietet.

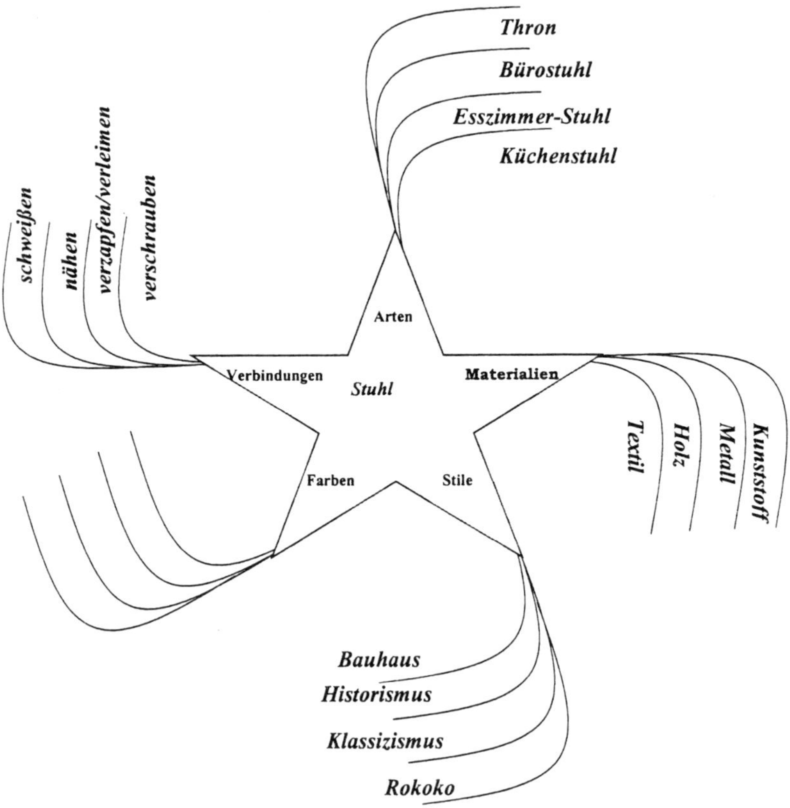


*Abb. 22: Vervollständigte Mind-map zum Thema „Stuhl"*

## 2.3 Den gewählten Gegenstand mit Hilfe des Reduktionsrahmens reduzieren – 2. Arbeitsschritt

Leitfrage: Was ist unter den *gegebenen Bedingungen jetzt* möglich?

Der Reduktionsrahmen enthält die Bedingungen, unter denen das jeweilige Thema zu bearbeiten ist. Anhand dieser Bedingungen entscheidet sich, was von den denkbaren Aspekten des Themas aktuell tatsächlich realisiert werden kann. In jedem Fall existiert eine Zielsetzung, unter der gearbeitet werden soll, die Schülerinnen und Schüler verfügen im Hinblick auf das Thema über bestimmte Lernvoraussetzungen, schließlich steht für die Arbeit ein bestimmter Zeitrahmen zur Verfügung. Daneben können weitere Bedingungen auf die Gestaltung der Unterrichtssequenz einwirken. Der Reduktionsrahmen kann als Overlay über die Mind-map gelegt werden.

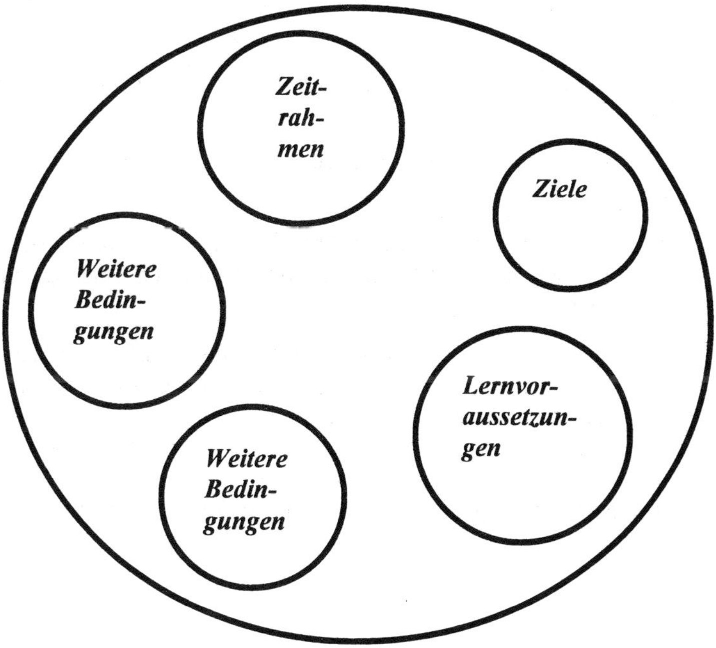


*Abb. 23: Grundmuster eines Reduktionsrahmens*

Nicht alles, was grundsätzlich als Inhalt einer Unterrichtssequenz denkbar ist, ist deswegen auch schon sinnvoll. Zu fragen ist z. B.:

- Welche Ziele möchte ich / muss ich erreichen?
- Welcher Zeitraum steht mir zur Verfügung?
- Über welche Lernvoraussetzungen verfügen die Schülerinnen und Schüler?
- Welche Ziele sind unter diesen Vorgaben realistisch anzustreben?

Der vierte Spiegelstrich zeigt, dass der Kreis möglicher Bedingungen zum zweiten Mal durchlaufen wird: Dies hat seine Begründung darin, dass die gegebenen Bedingungen natürlich nicht nur auf den gewählten Gegenstand, sondern auch auf einander einwirken.

Im Fall der angenommenen Stuhlbauerklasse wird das Grundmuster des Reduktionsrahmens in folgender Weise konkretisiert:

- Für die Sequenz steht ein Zeitraum von 4 bis 5 Unterrichtsstunden zur Verfügung (das Pensum einer Woche),
- die Zielvorgabe der (fiktiven) Richtlinien trägt auf, einen Stuhl zu bauen,
- bei den Schülerinnen und Schülern der Stuhlbauerklasse handelt es sich um einen Kurs der Jahrgangsstufe 11, der den Eingangskurs der Schule darstellt;
- das bedeutet, dass die Schülerinnen und Schüler allenfalls über handwerkliche Grundkenntnisse verfügen, die sie sich in außerschulischen Zusammenhängen angeeignet haben.

Hieraus ergibt sich folgende Ausgestaltung des Reduktionsrahmens:

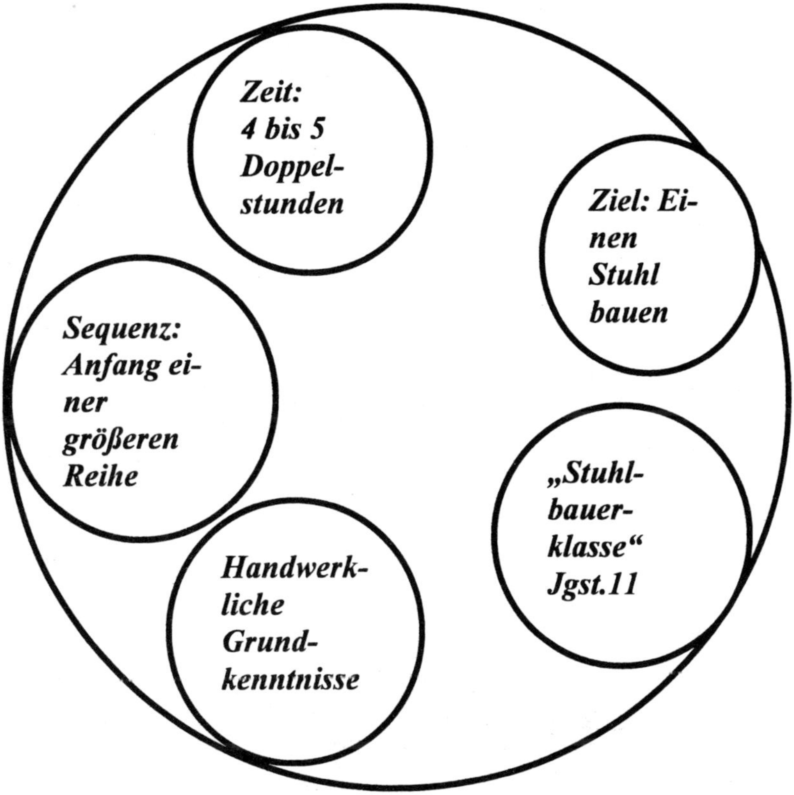


*Abb.: 24 Reduktionsrahmen für die Unterrichtssequenz „Einen Stuhl in 4 bis 5 Doppelstunden bauen*

Um die gegebenen Bedingungen und Möglichkeiten für die Sequenz „Einen Stuhl in 4 bis 5 Doppelstunden bauen“ abzugleichen, wird der Reduktionsrahmen über die Mind-map gelegt:

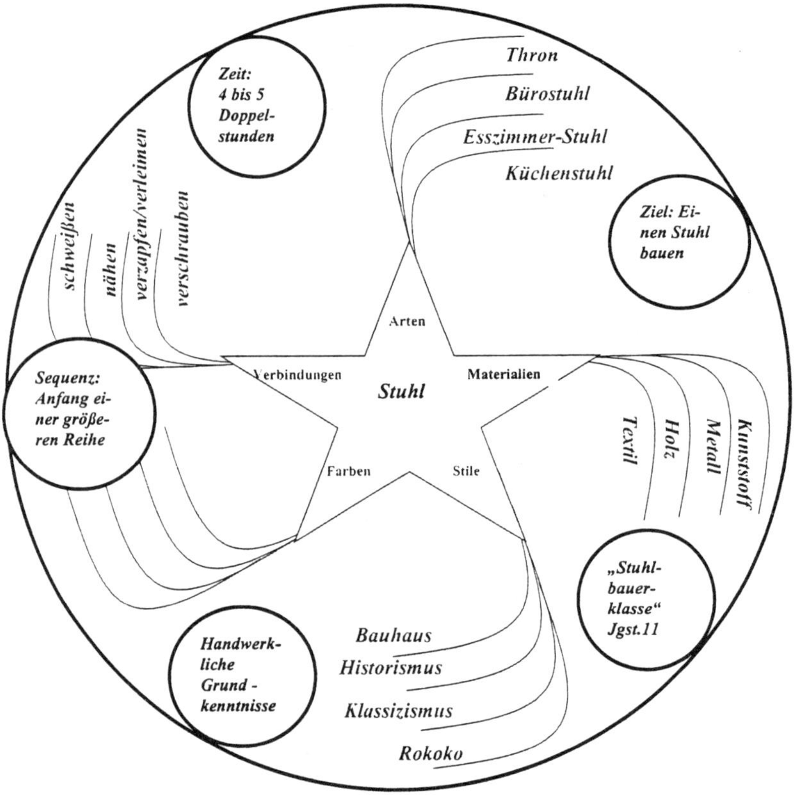


*Abb. 25: Möglichkeiten und Bedingungen abgleichen*

Die planende Person kann sich nun die Frage stellen, welche der Inhalte unter den gegebenen Bedingungen realisiert werden können. Sie kommt zu folgendem Ergebnis:

*Die Unterrichtssequenz: Einen hölzernen Küchenstuhl bauen*

- Besuch eines Möbelhauses: Unterschiedliche Arten von Stühlen und ihre Bauart erkunden. Entscheidung für den Bau eines hölzernen Küchenstuhls.
- Anfertigen einer Skizze: Materialien, Materialbearbeitung, Materialverbindungen.
- Bau eines hölzernen Küchenstuhls.
- Fortsetzung und Abschluss der Arbeit am Küchenstuhl.
- Präsentation und Besprechung unterschiedlicher Stile.

Hierauf folgt

## 2.4 Die Sequenzplanung zur Auswahl und Abfolge von Themen gegenüber einem „hochgestellten Laien" plausibel erläutern - 3. Arbeitsschritt

Leitfrage: Was ist das *Auswahlprinzip*?/ Worin besteht der innere *Zusammenhang*?

Die Figur des „hochgestellten Laien" in diesem Arbeitsschritt hat eine doppelte Funktion. Da es sich um einen Laien handelt, kann nicht ein einschlägiges Fachwissen vorausgesetzt werden, die Darstellung muss also allgemeinverständlich und damit auch nach allgemein zugänglichen Plausibilitätskriterien überprüfbar sein. Da es sich überdies um einen „hochgestellten" Laien handelt, kann der „Fachmann" ihm gegenüber kein höheres Autoritätsniveau beanspruchen, er muss vielmehr mit bohrenden

Rückfragen rechnen, wenn die vorgetragene Argumentation nicht hinreichend verständlich und plausibel erscheint.

Im Fall der Sequenzplanung „Einen Stuhl bauen“ könnte die Argumentation gegenüber einem „hochgestellten Laien“ etwa folgendermaßen lauten:

Grundsätzlich eröffnet das Ziel „Einen Stuhl bauen“ eine Vielzahl von Möglichkeiten. Denkbar sind Stühle unterschiedlicher Funktion und Repräsentativität, wie z. B. der Küchenstuhl, der Bürostuhl, der Friseur-Stuhl, der Baby-Stuhl, der Esszimmer-Stuhl, (...) der Thron.

Der Vielzahl unterschiedlicher Funktionen entspricht eine ebenso große Vielzahl unterschiedlicher Materialien: Holz, Metall, Textil, Kunststoff, Elfenbein, Leder, Edelmetall, Stein usw.

Jedes dieser Materialien verlangt nach spezifischen Formen der Bearbeitung und der Verbindung von Einzelteilen: Sägen, Hobeln, Feilen, Kleben, Behauen, Gießen, Fräsen, Bohren, Verzapfen, Leimen, Kleben, Nähen, Schweißen, Schleifen, Polieren etc.

Unter der Voraussetzung, dass die Schülerinnen und Schüler nur über handwerkliche Grundkenntnisse verfügen und sie erst am Anfang ihrer Ausbildung als Stuhlbauer stehen, wird man einen Stuhl wählen, der von seiner Funktion und seiner Verarbeitungsart her möglichst einfach ausfällt; diese Bedingungen werden am ehesten durch einen hölzernen Küchenstuhl im Bauhaus-Stil erfüllt. Man kann davon ausgehen, dass Schüler, die lediglich über handwerkliche Grundkenntnisse verfügen, am ehesten mit den Erfordernissen der Holzverarbeitung vertraut sind; hier geht es um Fertigkeiten wie Sägen, Bohren, Verleimen und Schleifen. Der Bauhaus-Stil verlangt keine komplexeren Gestaltungsaufgaben wie z. B. der Historismus, der Fertigkeiten wie Drechseln und Schnitzen erfordert, sondern begnügt sich mit Formen elementarer und funktionaler Gestaltung. Man kann davon ausgehen, dass diese Aufgabe im gegebenen Zeitrahmen von 4 bis 5 Doppelstunden zu bewältigen ist. Den Abschluss der Sequenz bildet die Präsentation unterschiedlicher Stilformen, die damit die Überleitung zu komplexeren Gestaltungsaufgaben leistet.

An dieser Stelle der Argumentation gegenüber dem „hochgestellten Laien“ wird deutlich, dass die Mind-map auf zweifache Weise genutzt werden kann, um mögliche Inhalte für eine Unterrichtssequenz zu identifizieren. Im vorliegenden Fall ist eine *zirkuläre Bewegung über die verschiedenen Äste hinweg* beschrieben worden, um einen Zusammenhang zwischen „Küchenstuhl", „Holz", „Bauhaus-Stil" sowie „verzapfen und verleimen" herzustellen. Damit ist ein produktionsorientiertes Konzept gewählt worden.

Denkbar wäre aber auch eine *lineare Bewegung über die Verzweigungen eines Astes hinweg*, etwa vom „Bauhaus-Stil" über „Historismus" und „Klassizismus" zum „Rokoko" - in diesem Fall wäre eine historische Stilkunde das leitende Prinzip - oder vom „Küchenstuhl" über „Esszimmer-Stuhl" und „Büro-Stuhl" zum „Thron" - hier stünde die Untersuchung unterschiedlicher Funktionen des Stuhls im Mittelpunkt. Stilkunde und Funktionskunde könnten also im Falle unseres Beispiels neben dem produktionsorientierten Konzept zwei weitere Möglichkeiten der Sequenzbildung je nach der leitenden Intention darstellen.

## 3. Blinde Flecken identifizieren

Planungsprozesse sind meist zugleich auch Prozesse von Autosuggestion und Selbstimmunisierung in dem Sinne, dass die planende Person durch die intensive Beschäftigung mit dem Gegenstand und vielleicht auch noch beflügelt von einer „zündenden Idee" mögliche Schwachstellen der eigenen Planung verdrängt. Diesem Problem soll der Arbeitsschritt 3, Argumentation gegenüber einem hochgestellten Laien, entgegenwirken. Seine Wirkung ist aus nahe liegenden Gründen dann am größten, wenn er nicht nur in Gedanken durchgeführt wird, sondern in realer Adressierung an eine andere Person, die auch tatsächlich Rückfragen stellen kann. Besonders wirksam ist der Dialog mit einer „fachfremden" Person, weil diese am ehesten in der Lage ist, durch ihren unvoreingenommenen Standpunkt „blinde Flecken" zu identifizieren, die möglicherweise auch durch unbefragte fachspezifische Routinen verursacht sein können.

Lässt sich ein solches Vorgehen nicht realisieren, gibt es einen anderen Weg, die durch den Planungsprozess herbeigeführte Gewissheit absichtsvoll zu stören. Er besteht darin, zur eigenen Planung in eine mentale Distanz zu treten und sich die Frage zu stellen:

***Was bereitet mir, nachdem ich alle diese Überlegungen angestellt habe, gegenwärtig noch Sorgen?***

Diese Frage richtet sich nicht auf *sachlogische Plausibilität der Planung,* sondern zielt bewusst auf die *affektive Befindlichkeit der planenden Person.* Wahrscheinlich teilt jeder die Erfahrung, dass es in Planungsprozessen Stellen gibt, die mit einem gewissen Gefühl von Unbehagen verbunden sind. Dieses Gefühl wird schnell verdrängt, wenn ein anderer Aspekt affektiv als positiv erlebt wird, ohne dass die Ursache für das ungute Gefühl tatsächlich behoben worden wäre. Am Ende beruhigt man sich mit dem positiven Gesamteindruck.

Hier soll die Frage nach der noch bestehenden Sorge zu einer produktiven Störung der Ruhe führen. Wenn man sich erst einmal vergegenwärtigt hat, *was* einem an der eigenen Planung noch Sorgen bereitet, ist der Weg zur Klärung der Frage, *wodurch* diese Sorgen verursacht werden und *wie* sie behoben werden können, nicht mehr weit.

Betrachten wir unter der Leitfrage „Was bereitet mir gegenwärtig noch Sorgen?" den bisherigen Stand der Sequenzplanung zum Thema „Einen Stuhl bauen".

- Besuch eines Möbelhauses: Unterschiedliche Arten von Stühlen und ihre Bauart erkunden. Entscheidung für den Bau eines hölzernen Küchenstuhls.
- Anfertigen einer Skizze: Materialien, Materialbearbeitung, Materialverbindungen.
- Bau eines hölzernen Küchenstuhls.
- Fortsetzung und Abschluss der Arbeit am Küchenstuhl.
- Präsentation und Besprechung unterschiedlicher Stile.

Auf den ersten Blick erscheinen die fünf Schritte recht plausibel. Besonders angetan war der Planer vom ersten Schritt, dem Besuch eines Möbelhauses mit dem Ziel, unterschiedliche Arten von Stühlen zu erkunden.

Für diesen Schritt sprach die Überlegung, einen außerschulischen Lernort aufzusuchen, um auf diese Weise die Fragestellung mit größerer Authentizität auszustatten und so die Motivation der Stuhlbauerklasse zu erhöhen. Gerade dieser Schritt erscheint jedoch nun unter der Fragestellung nach noch bestehenden Sorgen zunehmend problematisch, Bedenken kommen auf:

- Bedeutet der Besuch eines Möbelhauses nicht einen zu großen zeitlichen Aufwand? Kann er in der regulären Unterrichtszeit durchgeführt werden oder ist hierfür ein zusätzlicher Termin am Nachmittag erforderlich?
- Wie soll man sich die Erkundung unterschiedlicher Stühle in einem Möbelhaus konkret vorstellen? Werden sich die Schüler die Möbel lediglich ansehen oder ist eine weitergehende Beschäftigung denkbar? Ist es vorstellbar, dass verschiedene Stühle in ihre Einzelteile zerlegt werden?
- Wird eine eingehendere Beschäftigung mit den Stühlen im vorgestellten Sinn ohne vorherige Kontaktaufnahme mit der Geschäftsleitung möglich sein? Kann man davon ausgehen, deren Zustimmung zu erhalten?
- Welche Alternativen zu den bisherigen Überlegungen sind denkbar? Erfüllt es nicht den gleichen Zweck, im Klassenraum exemplarisch einen Küchenstuhl, einen Esszimmer-Stuhl und einen Bürostuhl für eine eingehendere Untersuchung einschließlich einer Demontage zu präsentieren? Drei Stühle der genannten Art sind leicht zu beschaffen und können auch über die Einführungsstunde hinaus noch weiter zur Verfügung stehen, etwa wenn es in der Folgestunde um die Anfertigung einer Skizze geht.

Mit dieser Überlegung ist die Entscheidung gefallen, die ursprüngliche Planung der Sequenz wird im Hinblick auf den ersten Schritt revidiert:

- Präsentation unterschiedlicher Arten von Stühlen (Küchenstuhl, Esszimmer-Stuhl, Bürostuhl). Erkundung ihrer Bauart, evtl. durch Zerlegen. Entscheidung für den Bau eines hölzernen Küchenstuhls.
- Anfertigen einer Skizze: Materialien, Materialbearbeitung, Materialverbindungen.
- Bau eines hölzernen Küchenstuhls.
- Fortsetzung und Abschluss der Arbeit am Küchenstuhl.
- Präsentation und Besprechung unterschiedlicher Stile. Planung der weiteren Arbeit.

Während die revidierte Planung der Sequenz notiert wird, entsteht der Eindruck, dass die Mitglieder der Stuhlbauerklasse am Ende dieser Unterrichtseinheit schon eine Menge Erfahrungen über den Bau von Stühlen gesammelt haben werden. Eigentlich müssten sie dann auch so weit sein, an der Planung der weiteren Arbeit mitzuwirken. In diesem Sinne wird der fünfte Arbeitsschritt ergänzt. Vielleicht stellt die Lehrperson der Stuhlbauerklasse ihre Mind-map als Planungshilfe zur Verfügung.

# Literatur


Aebli, H.: Zwölf Grundformen des Lehrens. Stuttgart 1991

Arnold, R.: Deutungsmuster und pädagogisches Handeln in der Erwachsenenbildung. Bad Heilbrunn 1985 / 1991

Bachmair, G.: Unterrichtsanalyse, Weinheim und Basel 1974

Bachmair, S. et. al.: Beraten will gelernt sein. Ein praktisches Lehrbuch für Anfänger und Fortgeschrittene. Weinheim 1994

Bäuerle, S. (Hg.): Der gute Lehrer. Empfehlungen für den Umgang mit Schülern, Eltern und Kollegen. Stuttgart 1989

Becker, F. G. / Buchen H.: Objektivität von Leistungsbeurteilungen. Plädoyer für die bewusste Verzerrung von Leistungsbeurteilungen von Lehrer und Schulleitern!?! In: Buchen, H./ Horster, L. / Pantel,G./ Rolff, H. G.: Schulleitung und Schulentwicklung. Erfahrungen, Konzepte, Strategien. Stuttgart, Berlin 2001

Becker, G. E.: Auswertung und Beurteilung von Unterricht. Handlungsorientierte Didaktik Teil III. Weinheim und Basel 1993

Bildungskommission NRW: Zukunft der Bildung, Schule der Zukunft. Denkschrift der Kommission „Zukunft der Bildung - Schule der Zukunft" beim Ministerpräsidenten des Landes Nordrhein-Westfalen. Neuwied, Kriftel, Berlin 1995

Boettcher, W.: Materialien zur Schulleitungsfortbildung, Manuskript Soest o.J.

Brenn, H.: Die Unterrichtsbeurteilung des Lehrers, eine bedeutsame Aufgabe im Hinblick auf seinen Erziehungsauftrag. In: Siegfried Bäuerle (Hg.): Der gute Lehrer. Empfehlungen für den Umgang mit Schülern, Eltern und Kollegen. Stuttgart 1989

Buhren, C. G. / Rolff, H. G.: Qualitätsevaluation mit Qualitätsindikatoren. Die Entwicklung begründeter Bewertungsurteile. In: Buchen, H./ Horster, L. / Rolff, H. G. (Hrsg): Schulleitung und Schulentwicklung. Berlin 1995 ff.

Burkard, Ch. / Eikenbusch, G.: Praxishandbuch Evaluation in der Schule. Berlin 2000

Einsiedler, W.: Schulpädagogik. Eine Einführung. Band 1: Schulpädagogischer Grundkurs. Donauwörth 1978

Füglister, P. / Messner, H.: Unterrichtsbeurteilung. Lehrerzeitung 120 (1975) 46, 1697 - 1702

Horster, L. / Rolff, H. G.: Unterrichtsentwicklung. Grundlagen, Praxis, Steuerungsprozesse. Weinheim und Basel 2001

Jank, W. / Meyer, H.: Didaktische Modelle. Frankfurt am Main 1991

Kösel, E.: Die Modellierung von Lernwelten. Ein Handbuch zur subjektiven Didaktik. Elztal-Dallau 1993

Memmert, W.: Kunstfehler beim Unterrichten. In: Schwarz, B. / Prange, K. (Hrsg.): Schlechte Lehrer/innen. Zu einem vernachlässigten Aspekt des Lehrberufs. Weinheim und Basel 1997

Metz, H.: Unterrichtsbeurteilung. Eine empirische Untersuchung. Frankfurt 1983

Meyer, H.: Unterrichtsmethoden. Frankfurt a. Main 1988

Miller, R.: Lehrer lernen. Ein pädagogisches Arbeitsbuch für Lehreranwärter, Referendare, Lehrer und Lehrergruppen. Weinheim und Basel 1993

Schwarz, B. / Prange, K. (Hrsg.): Schlechte Lehrer/innen. Zu einem vernachlässigten Aspekt des Lehrberufs. Weinheim und Basel 1997

Siebert, H.: Didaktisches Handeln in der Erwachsenenbildung. Neuwied, Kriftel, Berlin 1996

Tietgens, H.: Die Erwachsenenbildung. München 1981

Watzlawick, P. / Beavin, J. H. / Jackson, D. D.: Menschliche Kommunikation. Bern, Stuttgart, Wien 1982